杭州优秀传统文化丛书

HangzhouYouxiuChuantongWenhuaCongshu

古镇悠悠
岁月深

沈　荣——著

杭州出版社

图书在版编目（CIP）数据

古镇悠悠岁月深 / 沈荣著 . —— 杭州 : 杭州出版社，
2022.8
（杭州优秀传统文化丛书）
ISBN 978-7-5565-1825-8

Ⅰ.①古… Ⅱ.①沈… Ⅲ.①乡镇—文化史—杭州
Ⅳ.① K295.55

中国版本图书馆 CIP 数据核字（2022）第 113932 号

Guzhen Youyou Suiyue Shen

古镇悠悠岁月深

沈　荣　著

责任编辑	段伟文
装帧设计	章雨洁
美术编辑	祁睿一
责任校对	陈铭杰
责任印务	姚　霖
出版发行	杭州出版社（杭州市西湖文化广场32号6楼）
	电话：0571-87997719　邮编：310014
	网址：www.hzcbs.com
排　　版	浙江时代出版服务有限公司
印　　刷	天津画中画印刷有限公司
经　　销	新华书店
开　　本	710mm×1000mm　1/16
印　　张	13.5
字　　数	166千
版印次	2023年1月第1版　2023年1月第1次印刷
书　　号	ISBN 978-7-5565-1825-8
定　　价	58.00元

序　言

文化是城市最高和最终的价值

我们所居住的城市，不仅是人类文明的成果，也是人们日常生活的家园。各个时期的文化遗产像一部部史书，记录着城市的沧桑岁月。唯有保留下这些具有特殊意义的文化遗产，才能使我们今后的文化创造具有不间断的基础支撑，也才能使我们今天和未来的生活更美好。

对于中华文明的认知，我们还处在一个不断提升认识的过程中。

过去，人们把中华文化理解成"黄河文化""黄土地文化"。随着考古新发现和学界对中华文明起源研究的深入，人们发现，除了黄河文化之外，长江文化也是中华文化的重要源头。杭州是中国七大古都之一，也是七大古都中最南方的历史文化名城。杭州历时四年，出版一套"杭州优秀传统文化丛书"，挖掘和传播位于长江流域、中国最南方的古都文化经典，这是弘扬中华优秀传统文化的善举。通过图书这一载体，人们能够静静地品味古代流传下来的丰富文化，完善自己对山水、遗迹、书画、辞章、工艺、风俗、名人等文化类型的认知。读过相关的书后，再走进博物馆或观赏文化景观，看到的历史遗存，将是另一番面貌。

过去一直有人在质疑，中国只有三千年文明，何谈五千年文明史？事实上，我们的考古学家和历史学者一直在努力，不断发掘的有如满天星斗般的考古成果，实证了五千年文明。从东北的辽河流域到黄河、长江流域，特别是杭州良渚古城遗址以距今5300—4300年的历史，以夯土高台、合围城墙以及规模宏大的水利工程等史前遗迹的发现，系统实证了古国的概念和文明的诞生，使世人确信：这里是古代国家的起源，是重要的文明发祥地。我以前从来不发微博，发的第一篇微博，就是关于良渚古城遗址的内容，喜获很高的关注度。

我一直关注各地对文化遗产的保护情况。第一次去良渚遗址时，当时正在开展考古遗址保护规划的制订，遇到的最大难题是遗址区域内有很多乡镇企业和临时建筑，环境保护问题十分突出。后来再去良渚遗址，让我感到一次次震撼：那些"压"在遗址上面的单位和建筑物相继被迁移和清理，良渚遗址成为一座国家级考古遗址公园，成为让参观者流连忘返的地方，把深埋在地下的考古遗址用生动形象的"语言"展示出来，成为让普通观众能够看懂、让青少年学生也能喜欢上的中华文明圣地。当年杭州提出西湖申报世界文化遗产时，我认为这是一项需要付出极大努力才能完成的任务。西湖位于蓬勃发展的大城市核心区域，西湖的特色是"三面云山一面城"，三面云山内不能出现任何侵害西湖文化景观的新建筑，做得到吗？十年申遗路，杭州市付出了极大的努力，今天无论是漫步苏堤、白堤，还是荡舟西湖里，都看不到任何一座不和谐的建筑，杭州做到了，西湖成功了。伴随着西湖申报世界文化遗产，杭州城市发展也坚定不移地从"西湖时代"迈向了"钱塘江时代"，气势磅礴地建起了杭州新城。

从文化景观到历史街区，从文物古迹到地方民居，众多文化遗产都是形成一座城市记忆的历史物证，也是一座城市文化价值的体现。杭州为了把地方传统文化这个大概念，变成一个社会民众易于掌握的清晰认识，将这套丛书概括为城史文化、山水文化、遗迹文化、辞章文化、艺术文化、工艺文化、风俗文化、起居文化、名人文化和思想文化十个系列。尽管这种概括还有可以探讨的地方，但也可以看作是一种务实之举，使市民百姓对地域文化的理解，有一个清晰完整、好读好记的载体。

传统文化和文化传统不是一个概念。传统文化背后蕴含的那些精神价值，才是文化传统。文化传统需要经过学者的研究提炼，将具有传承意义的传统文化提炼成文化传统。杭州与丛书作者在创作方面作了种种古为今用、古今观照的探讨交流，还专门增加了"思想文化系列"，从杭州古代的商业理念、中医思想、教育观念、科技精神等方面，集中挖掘提炼产生于杭州古城历史中灵魂性的文化精粹。这样的安排，是对传统文化内容把握和传播方式的理性思考。

继承传统文化，有一个继承什么和怎样继承的问题。传统文化是百年乃至千年以前的历史遗存，这些遗存的价值，有的已经被现代社会抛弃，也有的需要在新的历史条件下适当转化，唯有把传统文化中这些永恒的基本价值继承下来，才能构成当代社会的文化基石和精神营养。这套丛书定位在"优秀传统文化"上，显然是注意到了这个问题的重要性。在尊重作者写作风格、梳理和讲好"杭州故事"的同时，通过系列专家组、文艺评论组、综合评审组和编辑部、编委会多层面研读，和作者虚心交流，努力去粗取精，古为今用，这种对文化建设工作的敬畏和温情，值得推崇。

人民群众才是传统文化的真正主人。百年以来，中华传统文化受到过几次大的冲击。弘扬优秀传统文化，需要文化人士投身其中，但唯有让大众乐于接受传统文化，文化人士的所有努力才有最终价值。有人说我爱讲"段子"，其实我是在讲故事，希望用生动的语言争取听众。今天我们更重要的使命，是把历史文化前世今生的故事讲给大家听，告诉人们古代文化与现实生活的关系。这套丛书为了达到"轻阅读、易传播"的效果，一改以文史专家为主作为写作团队的习惯做法，邀请省内外作家担任主创团队，组织文史专家、文艺评论家协助把关建言，用历史故事带出传统文化，以细腻的对话和情节蕴含文化传统，辅以音视频等其他传播方式，不失为让传统文化走进千家万户的有益尝试。

中华文化是建立于不同区域文化特质基础之上的。作为中国的文化古都，杭州文化传统中有很多中华文化的典型特征，例如，中国人的自然观主张"天人合一"，相信"人与天地万物为一体"。在古代杭州老百姓的认知里，由于生活在自然天成的山水美景中，由于风调雨顺带来了富庶江南，勤于劳作又使杭州人得以"有闲"，人们较早对自然生态有了独特的敬畏和珍爱的态度。他们爱惜自然之力，善于农作物轮作，注意让生产资料休养生息；珍惜生态之力，精于探索自然天成的生活方式，在烹饪、茶饮、中医、养生等方面做到了天人相通；怜惜劳作之力，长于边劳动，边休闲娱乐和进行民俗、艺术创作，做到生产和生活的和谐统一。如果说"天人合一"是古代思想家们的哲学信仰，那么"亲近山水，讲求品赏"，应该是古代杭州人的生动实践，并成为影响后世的生活理念。

再如，中华文化的另一个特点是不远征、不排外，这体现了它的包容性。儒学对佛学的包容态度也说明了这一点，对来自远方的思想能够宽容接纳。在我们国家的东西南北甚至是偏远地区，老百姓的好客和包容也司空见惯，对异风异俗有一种欣赏的态度。杭州自古以来气候温润、山水秀美的自然条件，以及交通便利、商贾云集的经济优势，使其成为一个人口流动频繁的城市。历史上经历的"永嘉之乱，衣冠南渡"，"安史之乱，流民南移"，特别是"靖康之变，宋廷南迁"，这三次北方人口大迁移，使杭州人对外来文化的包容度较高。自古以来，吴越文化、南宋文化和北方移民文化的浸润，特别是唐宋以后各地商人、各大商帮在杭州的聚集和活动，给杭州商业文化的发展提供了丰富营养，使杭州人既留恋杭州的好山好水，又能用一种相对超脱的眼光，关注和包容家乡之外的社会万象。这种古都文化，也代表了中华文化的包容性特征。

城市文化保护与城市对外开放并不矛盾，反而相辅相成。古今中外的城市，凡是能够吸引人们关注的，都得益于与其他文化的碰撞和交流。现代城市要在对外交往的发展中，进行长期和持久的文化再造，并在再造中创造新的文化。杭州这套丛书，在尽数杭州各色传统文化经典时，有心安排了"古代杭州与国内城市的交往""古代杭州和国外城市的交往"两个选题，一个自古开放的城市形象，就在其中。

　　"杭州优秀传统文化丛书"团队在传统和现代的结合上，想了很多办法，做了很多努力。传统文化丛书要得到广大读者接受，不是件简单的事。我们已经走在现代化的路上，传统和现代的融合，不容易做好，需要扎扎实实地做，也需要非凡的创造力。因为，文化是城市功能的最高价值，也是城市功能的最终价值。从"功能城市"走向"文化城市"，就是这种质的飞跃的核心理念与终极目标。

2020 年 9 月

（单霁翔，中国文物学会会长）

湖山佳趣（局部）

目　录

引　言

　　杭州因良渚古城遗址的发现，可谓具有五千年建城史；自秦朝设钱唐县以来，也有两千多年历史。它曾是吴越国王都、南宋都城，风景秀丽，人文荟萃，素有"人间天堂"的美誉。

　　杭州历史古迹众多，尤其是周边区域有不少结合"古"与"水"文化的江南古镇古村。这些古镇古村保留了古代水乡的居住习惯和建筑特色，是深刻体验江南文化必去的地方。

　　杭州的古镇古村是了解和体验江南文化的宝地，是能够避开喧嚣、寻求心灵慰藉的地方，在这些古镇古村中能感受到纯正的江南人文风情。比如号称"江南十大古镇之首"的塘栖古镇，自古以来就是水上门户、运河名镇，虽无名山大川、高山流水，可其自带的古韵秀色、水乡特质，正是古镇所蕴含的内涵；再如龙门古镇，是孙氏家族聚居地，古朴简约，内藏着溪畔人家的真实生活；还有新叶古村、深澳古村、龙井古村等，无不留下历史的文化碎片、活着的传统印记。

　　这些古镇古村历史悠久，除了别具风韵的古建筑、古物件外，更有着极具魅力的历史传承和人文精神。村镇的由来、习俗、名人、乡风等，都是这些古镇古村自然流动而挥之不去的韵味。

这本书对杭州有代表性的古镇古村的历史进行简要溯源，特别是抓取"人"这个重要元素，从家族衍生、家训传承、习俗保留等各个方面，讲述一个个古镇古村独有的"故事"，并通过这些故事将古镇古村的历史与现实连接在一起，成为一个独特的"韵味"表达。

让我们从一个个古镇古村中读出江南风、乡愁味，唤醒那些沉浸在我们血脉中的历史记忆，让我们能够更好地理解这些古镇古村别具一格而绵延至今的人文特质。

长河：诗礼传孝的来氏宗地

　　长河古镇位于钱塘江南岸，是萧山文化的发源地，历史悠久，人文荟萃，其行政隶属关系变化与西兴一样。长河镇明清时隶属绍兴府萧山县，民国仍之，1959 年随萧山县划归杭州市，1996 年划出萧山县归杭州市西湖区，后置滨江区，又归滨江区。故其语言、风俗、建筑形式等均与绍兴相近。

　　长河镇旁有一条槐河，弯弯曲曲地穿过古镇，河上有桥，三四块条石拼在一起，组成一座座石梁桥，与绍兴乡下的情景极其相似。河边遍植槐树，绵延 1.8 公里，北至滨文路，东至长河水闸，西起龙潭头，南面连接白马湖。每年春天，槐花开时，素色花朵宛如风铃，槐香馥郁，浸润心田。

　　而槐树周围，就是长河来氏所修建的"九厅十三堂"，这些建筑依山傍水，错落有致，堪称江南水乡民居的代表之作，展示着古镇长河的辉煌。

　　2004 年，著名古建筑保护专家、同济大学常青教授曾率弟子对"九厅十三堂"进行数月调查研究，评价说，"无论单体等级、规模还是造型，皆堪称江南水乡的代表之作"，"与故宫出自同批工匠之手"。

　　"九厅十三堂"承载着长河来氏的历史痕迹，留存着他们诗礼传孝的千年古韵。而长河来氏的一切，都是从南宋嘉泰二年（1202）的一个普通冬日开始的。

九厅十三堂

来氏南迁

南宋嘉泰二年（1202）。

这一年，发生了答阑捏木儿格思战役，察阿安、阿勒赤、都塔兀惕、阿鲁孩四部塔塔儿人被未来的草原雄主铁木真消灭，并入了蒙古，这也预兆着一个"庞然大物"马上要在北方形成，改变整个东亚的历史。

而在南方，靖康之变后，汉文化的核心有了一次重要的迁移，大量北方士族举家南迁，并逐渐分布在"行在"临安附近。绍兴和议后，南宋朝廷也逐渐安稳，浑然不觉这个巨大变化。

夏孝乡山泽里，是北宋太平兴国三年（978）才新设的，以三国时吴孝子夏方命名。此地靠近钱塘江，北面还是一片沙地，南面临着冠山，可以说是在山与泽之间，所以取名"山泽里"。平日里只有些许农户、渔民杂居，也多是没见过世面的山野之民。

此时已是隆冬，此处越发少有人烟，却有一支特殊的车队停留。

车队不大，驾车之人多孔武有力，还有些许劲装汉子在四周把守，车队中隐约间能看到女眷，时常传出孩童嬉戏之声。

山泽里的百姓再没见识，也知道这是一支"北人"的车队，多半是从中原而来，说不定还是什么达官贵人。

而在这支车队中，有一名叫来师安的年轻人，正观察着山泽里的山野之民。或许是南方隆冬阴冷，与北方天气截然不同，来师安只站了一会儿，就感觉那冷气都能钻进夹袄中。

来师安是家里的长子，这个"来"姓不入百家，颇为罕见，系出殷人玄鸟之裔，为华夏族的子姓之一。来师安生于南宋淳熙八年（1181），身材魁梧，是标准的河南大汉。不过从小知书达理，家教森严，面相上就和善了许多，不似一般北人彪悍，性子上也非常稳重。他招呼了下人，让他们多注意四周，之后就回到车上，去见他的父亲。

来师安的父亲来廷绍，生于南宋绍兴二十年（1150），字继先，官至龙图阁学士，进阶宣奉大夫。此时，来廷绍出任绍兴知府，不过在西陵渡（大致在今西兴）时，染了江上风寒，身体一下弱了很多。

由于只能窝在车上，不能见风寒，来廷绍此次来山泽里，主要是为了看看来氏的"限田"。宋王朝对于官吏的关爱还是非常到位的，来廷绍作为龙图阁学士自然能够享受到这些，按照品阶他有百亩御赐田，这些田就在此处。

来师安对这个地方是满意的，山泽里左江右湖，南面山脉连绵，河道纵横。中部有冠山突起，东部绿野平畴，西部竹林成荫，由西向东倾斜，是个好地方。

来师安在见他父亲的时候，也把相关的感受一并告知，同时带来了辛弃疾的慰问。

辛弃疾是当朝豪放派词人、将领。有"词中之龙"之称的辛弃疾，乃是来廷绍好友，两人皆是思雪国家奇耻的人物，他们于南宋绍熙四年（1193）就认识了，结为至交。

辛弃疾对于来廷绍出任绍兴府事是非常高兴的，一度有说："来（廷绍）君来，事济矣。祖宗耻，可雪矣！"

可见辛弃疾对于两人之间的合作有着多大的期望。

只是谁也没想到，来廷绍这一病是染了时疫，再也没有起来，两个月后，南宋嘉泰二年（1202）十二月十五日病殁于萧山祇园寺，享年五十三岁。

即使在病中，来廷绍仍未忘怀故国，作《祇园临终诗》一首：

> 病卧僧房两月多，英雄壮气渐消磨。
> 昨宵饮药疑尝胆，今日披衣似挽戈。
> 分付家人扶旅榇，莫教释子念弥陀。
> 此心不死谁如我，临了连呼三渡河。

最后一句引用了抗金名将宗泽临死时"三呼渡河"的典故，表达了他恢复国土、统一国家的强烈愿望。

来廷绍死后，葬于湘湖方家坞，据《萧山来氏家谱》（民国十一年重修版，现藏杭州萧山区档案馆），辛弃疾曾为来廷绍撰写了《宋宣奉大夫知绍兴府事来公墓志铭》，其铭文是：

> 壮志愤愤兮扶社稷，忠诚烈烈兮贯金石。
> 怀抱郁郁兮未获伸，友义偲偲兮同扶策。
> 皇天不慭兮夺其年，国步艰难兮谁共力？
> 湘水苍苍兮荫佳城，千秋迢迢兮知来宅。

寄托了辛弃疾对来廷绍的无限哀思和怀念之情。

来师安为父亲守墓三年，占籍萧山，卜居冠山之阳，此后就在夏孝乡定居下来，卒于南宋宝祐元年（1253），享年七十三岁，葬于冠山陶家坞。

来师安的守孝卜居，繁衍出一个名门望族，而来廷绍的家国情怀，也成为来氏最重要的传家精神。

长河定名

南宋宝庆三年（1227）正月十七日，这一天，来师安的长子诞生了。对于来师安来说，四十多岁也算老来得子，他内心万分高兴，所以给这个孩子取名"大德"。

《易·系辞下》："天地之大德曰生。"孔子给这句话的解释是：天地最大的美德，就是孕育出生命，并且承载、维持着生命的延续。

从这个名字中，就能看出来师安对这个孩子的期许。

此时的来家早已没了当年风光，来师安性子温和，并不适合守护家业，失去龙图公来廷绍的庇佑后，原本御赐的百亩限田，也逐年被乡中豪民侵吞。

其弟来师周也举家回了河南，来氏作为外来者，在旁人眼中，已经属于必然凋零的一个家族。

来大德的诞生还是给这个家族带来了一丝生机的。

对于这个孩子的成长，来师安投入了大量心血，从小严格教育。可能是家业凋零，让来大德早熟，他并不似同龄人一般天真活泼，性子上也与其父亲迥异，更加刚直，十二三岁的时候就有了成年人气质，隐隐成了这一带孩子们的头。

所以乡间给他一个诨号——"飞来鸟"，这里鸟指的就是鸿鹄，乡人无知，只是知道有大志向的人常被人称呼为一种鸟，而来姓又是外地来的，自然有了这么个称谓。

彼时的"飞来鸟"来大德在他人生最初始阶段，就面临着"地头蛇"赤裸裸的恶意。

南宋乡间，素来有"豪民"存在，这种地主阶级的衍生体，取得财富的手段以及剥削乡里的份额，远远超过当时舆论允许的范围，这其中最恶劣的一批人，甚至为了获取更多的财富，不惜肆意践踏刑律。

夏孝乡中，"豪民"孔德祖就是一个典型例子，他仗着自己孔姓的优势，与当地官僚勾结，平日里干的都是兼并土地、放高利贷、占据水利和学田的行当。当然，关于"私设牢狱""诈欺官司""伪造官府文书"那更是驾轻就熟。

在那时，孔家在夏孝乡已经"武断乡曲"，豪横一时。

豪民的特质，就是控制不住自己，想要获得更多的土地，孔德祖的眼光一直盯着外来户来家，对于这种靠着祖宗阴荫的小家族，孔德祖素来"阴荫嫉妒"，更加不忌惮，"妄意生事""擅行科率"。

这次，孔德祖又想出了勒令"出助役田"的鬼点子，准备把来家仅存的七亩田也占为己有。这一恶劣行径，将迫使来氏无法在萧山立足。

对于来师安的怯懦，孔德祖一直心如明镜，在他的心目中，外来户早早地滚出夏孝乡，本来就是应该的。而此时的他，做梦也没想到，一个十二三岁的来姓少年，让整个事情起了巨大变化。

不同于来师安的优柔寡断，来大德早早找来了他的内侄邱本高、眷弟任庸相和国子监助教曲江张经。

此时来大德远未成年，但在家族中的号召力已经非同凡响。

"不受孔德祖之辱！"这是他对一干小兄弟的陈词。

"只是这孔德祖已经武断乡曲，若只是族中公议，只怕没有效果。"邱本高其实比来大德年长，性子更为沉稳。

"持祖父诰敕陈诉，"来大德心中早有盘算，眼中更有坚毅，"告都使、宪台！"

此话一说，众人内心皆惊。

南宋官制，都使为都指挥使的简称，宋殿前司、侍卫亲军步军司、侍卫亲军马军司与各军皆以都指挥使为长官；提点刑狱司是宋代中央派出的"路"一级司法机构，简称"提刑司""宪司""宪台"。

来大德口中的"告都使、宪台"相当于向路一级军政、司法机构进行联诉，那是死而后已的举措，若是不成那就万劫不复。

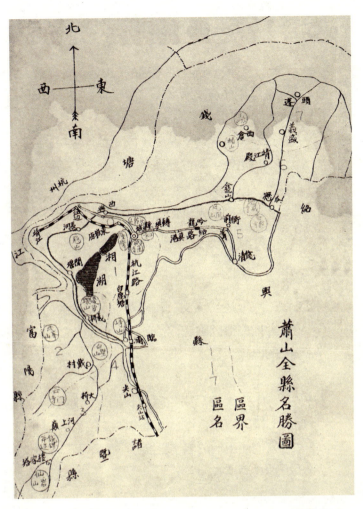

民国《萧山全县名胜图》中的长河

"好！"众人看着来大德，皆数点头，可见得平日里这"飞来鸟"如何得人心。

但是众人也知道，孔德祖已经遮蔽乡里，若是正常告官，这状纸只怕都递不到相应人手中。

但事情远比想象中顺利，经都使、宪台判定，孔德祖已构成"科勒役田"之罪，并勒令其"不得再有妄意生事"。

这段事迹在邱本高的《宋处士长河散人来公墓志铭》、张经和任庸相的《附限田状并二跋》中均有记录：

> 元贞二年岁次丙寅二月初一日，君子来公年七十有二……而亡。
> 公讳大德……自七八岁，则明敏严饬，无复童心。十二三则温良正直，有成人之德。
> 里有豪民孔德祖，科勒役田。公持祖父诰敕陈诉。明证罪恶，人咸直之……

上述"铭文"和"跋文"，表明了来氏在萧山的权力地位得以确认，民间至此演绎出"飞来鸟战胜地头蛇"的典故。

来大德后来自号"长河"，他出世之前，萧山以西七里的地方，称"山泽里""夏孝乡"，长河公去世后，人们便用他的名字更换了"山泽里""夏孝乡"的地名，称之为"长河"。

诗礼传家

明洪武元年（1368），长河处士来静庵，在槐河边建起了来氏的第一座私塾——龙潭书院。

长河来氏多居于两岸，也方便将自家子弟送入私塾启蒙，这是来氏兴学的开端，长河来氏历史上第一位进士来天球，就曾在这里上过学。

其实从始祖来廷绍之后，来氏族人还没有稳定地居于长河，有一支回原籍河南，一支去了山东，一支去了江苏暨阳，其余大部分散于萧山各地，这些来氏族人被称为"广世系"。

来静庵设立龙潭书院后，来氏第七世来思名，号潭居，就下定决心在长河定居，"耕读并举，诗礼传家"。

来潭居有两个儿子，长子来康顺，字励，次子来冠山，字义。

其中来励（康顺公）学着来静庵当了处士，不愿意出仕当官，安心在槐河边教学自家子弟。

明天顺四年（1460），这位来处士总结了来氏从始祖来廷绍以来将近两百年的历史经验，创办了社学、义学，设立"学田"，来姓子弟均可免费入学。

更厉害的是，来处士还制定了宗法族规，其著作《四训八戒》，镌刻在石碑上，立在祠堂内，训谕子孙。

《四训八戒》第一条就讲缅怀先人，"庙安神，墓葬魄，过之必式"。意思是家庙安置祖先的神灵，坟墓埋葬前辈的魂魄，经过这些地方一定要带着敬意，低头抚轼。

"敬祖"实际上就是对待先人的态度，是一种日常要遵守的行为准则，在传统的士族观念中，"忠""孝"是最重要的美德，这种教化方式是维持伦理的重要手段。

"报本、追远、崇德"是不忘所自、饮水思源、追念崇尚前人美德，以此要求、鞭策子孙后代进取、向善。

这些家训条款，让来氏子孙反复阅读、背诵牢记，以此告诫子孙：大家有共同祖先，要学会缅怀、敬畏先祖；要学会和谐友爱、睦邻友好，传承好祖宗留下的精神财富；同时对于个人要求正行、仁爱、勤学、诚信等。

《四训八戒》是先辈向后代总结、传授的为人处世经验，其作用是维系家族和宣传教化，编写的初衷就是期盼家族从此兴旺发达。大姓家族累世同居、长久兴旺，希望子孙有良好的品德和过人的才能，编列训诫，就是期望家族生生不息，簪缨不绝。

所有家庭成员都应该努力遵循家训中的训条，各司其职，化解内部纠纷，才有可能使家族成为显赫一时的大家族，从而安定长久。

而来氏子孙也不负所望，以德行作为标准，吸取前人的经验教训，纠正自己不当的行为，以免犯同样的错误。来氏因此出了许多杰出人才。

来康顺生三子，长皋如、次恂如、幼裕如，称大、二、三支即大、二、三房；来冠山生三子，长阆如、次侃如、幼泰如，为四、五、六支即四、五、六房。

与"广世系"对应，这些世居在长河的来氏被称呼为"来氏六房"，从来康顺开始，注重农耕、重视教育，这些治家思想后来也在来氏历代子孙的推行下，一直实施。

如万历年间，来氏十四世来端蒙继续兴办义学，实施《四训八戒》，同时提出"晨夕课督"的教学方式，强调争分夺秒地学习，加强教训管理。

也正是因为"耕读并举"的学风，来氏书香不绝，人才辈出。

据《萧山来氏家谱》的数据统计，按宋、明、清的科举制度，入选、食禄为绅官的有 367 人，受圣旨 101 道（篇幅有限，恕不列举），所以历来有"三斗六升芝麻官"的说法；明、清两朝出过文进士 21 人，武进士 3 人，举人 39 人，武举人 18 人，贡生 97 人，明中叶以后每逢朝考，录取者中来氏约占六分之一，有"无来不放榜"之说，可谓两浙巨族！

眉林书屋

清道光九年（1829），时任礼部尚书的汤金钊和当时的儒林郎授国子监学录来淞亭商量了一件事情，希望在长河的月湾潭边创办一个新的书院。

汤氏先世由青田迁居滨江长河，长河汤家桥是汤氏主要聚居地，《萧山汤氏宗谱》序载："……萧之汤氏，巨族也。其先世为处州青田人。自思退公出知绍兴，创别业于萧，越二世而成。公又为会稽令，解组后退居别业，入籍萧山焉。厥后二十余传，其子孙居处汤家庄（今汤家桥），可谓盛矣……"

汤金钊高祖汤奎瑜迁到县城西门之初，时有衣食之虞，最难时甚至打算鬻女救急，幸得族人帮助。高祖对年幼曾祖说："你记住，长大后要报答乡亲！"

汤氏素来崇学，热心公益，萧山于清乾隆五年（1740）增加学额五名，其费用全由汤金钊曾祖汤克敬独自承担。修文庙，建聚奎亭，重建东旸桥，添筑石闸以收湘湖水利，施粥赈灾，捐置义田：举凡各项公益义举，汤家必倾力参与。

清乾隆五十九年（1794），汤金钊二十二岁举乡试第一，即称解元。清嘉庆四年（1799），汤金钊二十七岁中进士，选庶吉士，授编修。清道光七年（1827），任左都御史，礼部尚书，不久充上书房总师傅，调任吏部尚书、工部尚书、户部尚书之职。

受家世影响，汤金钊为人磊落，从他写给一位叫凤栖[1]的人作座右铭的书轴可见一斑。

"人心一念之正，而神在其中焉，因而监察之，呵护之。上至于父母，下至于子孙，必致其福而后已。故正心即是神，神与神相亲，又何疑乎？"

整幅字神完意足，一气呵成，为其壮年得意书。

而来淞亭是来氏大房十九世孙，名嗣尹，字复师，一字淞亭，生于清乾隆五十六年（1791），清道光八年（1828）举人，就职国子监一级学录。

长河来氏和长河汤氏均是长河大族，来氏原来就办有龙潭书院，培养了一大批知识分子。不过龙潭书院仅仅针对来氏子弟，并不对外招收学子。

汤金钊设想的书院需要打破宗族观念，提倡"择优入学"，各地不是来姓的学子，也能赶来上学。

来淞亭也有类似想法，不过碍于宗族，一直没有推动，此次获得了礼部尚书的支持，自然大有干劲，立刻着手推进此事，并由其亲自担任书院负责人，给书院取名为"眉林书屋"。

"眉林书屋"设立在长河的月湾潭畔。

[1]凤栖是滨江浦沿许家里的许溶（1770—1824），原名高梧，字西清。

眉林书屋注重生徒的德行操守，强调"明理"和"学佐当世之用"；要求弟子关注社会和民生，主张"文以载道"；在教师遴选上，重点考察德行与道艺，重视老师的表率作用；在管理上，健全制度，完善奖惩措施。

眉林书屋与当时主流书院的办学理念基本一致，"乐育之盛心，作人之雅化"，以求学子们做到"上则开来继往，为圣贤不朽之业；次则砥节励行，为豪杰有用之才；即等而下之，而仅仅以科举之学自奋，亦必经明行修，文章尔雅，不愧为读书种子，而后可不愧为书院之士"。

清朝中晚期，萧山来氏的进士，如来谦鸣、来益清、来起峻、来宗敏、来珩、来学醇、来煦、来风郊、来熊等均出自眉林书屋，也均为国之栋梁，颇有圣贤之风，如荆宜施道台（专管荆州、宜昌、恩施的官员）来谦鸣做官就为民着想，百姓的衣食住行均挂心上。

在很长一段时间里，来氏的眉林书屋和钱塘江北岸的万松书院齐名，有"北有万松书院，南有眉林书屋"之称。

参考文献

1.〔清〕赵尔巽等：《清史稿》，中华书局，1977 年。

2.方田编著：《来氏与九厅十三堂》，西泠印社出版社，2017 年。

梅城：三江汇聚的严州古府

　　浙江省建德市梅城镇坐落在浙西山区，北枕乌龙山，南临富春江、新安江、兰江三江汇合处，自三国时期吴黄武四年（225）置县以来，已有近一千八百年历史。

　　梅城的城墙最后一次重建于明初，为朱元璋外甥李文忠所建。雉堞为梅花形，制与南京、北京同，据当地传说记载，这是因为宋代有三个皇帝即位前领过严州地方官职，这里被认为是潜龙所在地，故有"天下梅花两朵半"的俗谚。

　　站在城墙上，就能看见新安江自西而来，兰江由南切入，在城东南汇合再拐向东北，江也就成为富春江了，这一汇一拐就成了"丁"字，梅城就"南襟丁水"了。杜牧诗"越嶂远分丁字水，腊梅迟见二年花"，孟浩然诗"野旷天低树，江清月近人"，写的就是此地景色。

　　古代运输主要靠水路，就如同我们现在运输主要靠铁路，三江汇聚的地方就如同现代的铁路枢纽，因而造就了古时梅城的繁华。

　　这种繁华体现在梅城古镇的建筑上，也体现在文人雅客在梅城留下的痕迹中。梅城处处有故事，比如"唐代高僧"少康大师、"三元及第"商辂、范仲淹和思范坊、陆游三代和严州情结等等，不胜枚举。

中国古典四大名著之一《水浒传》中所写的宋江征方腊的故事就发生在此，其至连《聊斋》都与梅城有着深厚的文化渊源。

行走在梅城古镇上，就如同行走在历史长河中，每一个拐角，每一个墙门，都有其独特韵味。

建功立德

东汉建安九年（204）。

建安，是东汉末年汉献帝的年号，此时的政治大权已经为曹操所掌握。建安元年（196）的时候，曹操始兴屯田，将汉献帝劫持到许昌，"挟天子以令诸侯"。

正月，曹操雄心勃勃地发动对袁尚的战争，为了攻打袁尚盘踞的邺城（今河北临漳西南），命令军士修通白沟，以通粮道。

而此时，南方的丹阳（今安徽宣城）发生了叛乱。

叛乱的原因其实很简单，丹阳的太守孙翊性格严厉暴躁，喜怒快意都写在脸上，《三国志·吴书·宗室传》记载"孙翊字叔弼，权弟也，骁悍果烈，有兄策风"。

这种作风引起了当时的丹阳大都督妫览和郡丞戴员的不满，继而引发了叛乱。

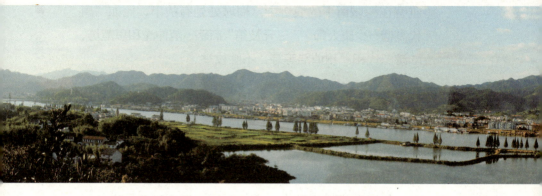

梅城全景

遇难的除了丹阳太守孙翊外，另一位宗室大将孙河也在其中。

孙河，本姓俞，按照辈分来说，他应该喊孙坚一声姑父。此人打小就聪明，据说深受孙坚信任，特赐姓孙，收为义子，列为同族宗子。《三国志·吴书·宗室传》记载："坚始举事，静纠合乡曲及宗室五六百人以为保障，众咸附焉。"孙河就属于五六百宗室里的一员。

由于事发突然，孙河的部曲一下就被打散了，很大一部分往京城县（今江苏省镇江）跑，同时也把消息带给了孙河的亲侄子孙韶。

孙韶，字公礼，原来也是姓俞的，跟着伯父一起被赐姓孙，纳入宗子，彼时才十七岁。年轻的孙韶在面临问题时，展现出惊人的统帅能力，他并没有惶恐不安，失去主张，反而积极收拢孙河的部曲，建置楼橹，修理军械，以防备敌人。

这其中有一个故事，孙权听说丹阳作乱，从椒丘（今江西新建区北）还军，路过平定丹阳，夜里到达京城县扎营。

孙权，字仲谋，三国时代东吴的建立者。根据《江表传》记载，孙权出生时目有精光，方颐大口，形貌奇伟。朝廷使者刘琬奉命授予孙策官爵时看见孙权，形容他相貌高大挺拔，骨架躯体不同于常人，有大贵之表。裴注《献帝春秋》记载孙权为"紫髯将军，长上短下，便马善射"。

此时的孙权年仅二十二岁，多有少年天性，他早就听闻京城县守将是年仅十七岁的孙韶，想试试他的能耐，于是命令一支偏军试探进攻，吓一下这个年轻人。

出乎孙权意料的是，京城县的守兵反应极其迅猛，很快登上城墙，同时军令声四起，频频箭射城外之人。孙权是一个仁爱明断、崇尚侠义的人，同时也是重视贤才的人，他立刻终止了试探，并召见了孙韶。

《三国志·吴书·宗室传》记载孙韶"身长八尺，仪貌都雅"，汉尺大约为 23 厘米，核算下来孙韶是一米八的大帅哥，所以一冲眼，就获得了孙权的好感。加上孙韶统帅有方，忠心可嘉，孙权就此对其极为器重，当即任命他为承烈校尉，统领孙河的军队，以曲阿（今江苏省丹阳市）、丹徒（今江苏省镇江市）两县作为孙韶的食邑，并令他自行设置官吏，一切照孙河生前的旧例。

孙韶也确实没有辜负孙权的信任，其任边将数十年间，善于教育部下，能得士兵死力相助；侦察研究敌情，一有动静就早做准备，所以很少打败仗。曹魏守军看到孙韶如此厉害，撤兵后移，那里的百姓有的跑过来依附，江淮一带数百里地方无须部队驻守。

后来，孙韶担任广陵太守、偏将军。黄初元年（220），孙权受封吴王，升任孙韶为扬威将军，封爵建德侯。

吴黄武四年（225），分富春县置建德县，孙韶的故乡在富春县，原建德县的辖境为孙韶的封地。建德县名因封建德侯而来，取建功立德之义，而梅城就是建德县治所在。

至今梅城城南叫"南周庙口"的地方，竖着一个"建德侯"坊，它与古城墙遥相对立。这坊高9.4米，阔8.5米，是梅城镇人民为纪念"建德侯孙韶"而在1993年建造的，坊底四只石狮，威风凛凛，栩栩如生。

建德侯牌坊

玉泉禅寺

唐德宗贞元十年（794），净土宗五祖少康大师来到梅城。

少康大师是缙云仙都人，又名山康，俗姓周，出生后到七岁还不会讲话。有一天，他父母带他到灵山寺拜佛。母亲问他："你可知道这尊佛叫什么名字吗？"

他竟然开口说："释迦牟尼佛。"

他父母十分吃惊，知道儿子宿具善根，便令儿子出家修行。少康大师十五岁受戒于越州嘉祥寺，广诵经论。后于洛阳白马寺读善导大师《西方化导文》，遂决心专修念佛。

少康大师这次来，是想要建立净土宗道场，而他看中的一块地方就在乌龙山。

乌龙山位于梅城以北，坐落在新安江、富春江、兰江交汇处之北岸，因山石乌黑，山体巍峨，蜿蜒如龙而得名。主体成扇形，由于山体是火山喷发形成的断层，相对高度达 800 多米，几乎是拔地而起，高临江岸，气势十分雄伟。

少康大师看中的地方在乌龙山南麓，站在此处南望，但见山峦起伏，像是莲花开瓣，寓意极好。

少康大师修的是净土法门，专修就是念阿弥陀佛，讲究的是由信启愿，由愿导行，"信愿行"三资粮具足。所以，当他一见这乌龙山形势，就知道自己的道场应该修在此处。

道场的修建非常顺利，各地的信众有钱的出钱，有力的出力。因为山麓中有泉，冬夏不竭，所以此处也被称为玉泉寺（俗称石佛坞）。据传说，少康大师一共筑坛三级，聚集大众午夜行道唱赞。每逢斋日，有三千余人云集。

"少康大师登高座，令四众弟子望其面门，即高声唱阿弥陀佛。每念一声，口中即出一佛，连诵十声，则出十佛，若连珠状。少康大师对大众说：'汝见佛者，决定往生。'众弟子听到这个授记，欣喜异常，念佛更勤。亦有少数未见者，悲感自责，因而加倍精进念佛。"

这是典故中对当时盛况的记载。

唐永贞元年（805）十月初三日，少康大师预知时至，召集弟子做最后的嘱示："当于净土，起增进心。于阎浮提，起厌离心。汝曹此时见我光明，真我弟子。"语讫，就此圆寂，年届六十九岁，后人称为"后善导"。

少康大师是使净土持名念佛法门深入江南民间的一位里程碑式的大德高僧，正是由于他不遗余力地弘扬，净土佛法迅速传播，名师辈出，直至如今仍风行海内外，在日本、朝鲜等海外国家产生了很大的影响。少康大师所纂的《往生西方净土瑞应删传》还被收入《大藏经》，成为研究净土佛教的重要文献。

玉泉寺在明清时期曾多次毁于战火，作为浙江省净土宗开山祖庭，屡毁屡建。1942年，日本侵略军用大炮击毁玉泉寺大殿，后完全废弃。一直到1992年1月，经当局批准重修。

玉泉寺现建有大雄宝殿、放生池、天王殿、弥陀殿、

严州玉泉禅寺

观音阁等，不过，由于山形的限制，整个布局并不是完全按中轴对称布置，而是呈"之"字形，这反而让玉泉寺多了份灵性，整座寺庙仿佛活了起来，似乎是一条巨龙，正要腾空而起。

而在鼓楼西侧的岩壁上，探出了一只用青石雕成的龙头，龙口里不断有泉水滴下。龙头的右侧，镶嵌着一块青石板，镌刻着"玉池通法界，泉水印禅心"十个大字。据说，泉水不仅能润津止渴，而且还能明目美容。

山上有一块谓"息石"的岩石，此石不是产自乌龙山上，与周围山上的岩石色泽不一样，据说是远古时代鲧和禹父子俩用来治理洪水的特殊材料。少康大师将其雕凿成一尊"阿弥陀佛"石像，凡人烧香拜佛后，常会到石边靠靠、贴贴，说是能祛病消灾。如今此石像供奉在弥陀殿里，成为玉泉寺的镇寺之宝。

睦州思范

北宋明道二年（1033），北宋的宫闱中发生了一件事情，宫中有两个美人，一个姓尚，另一个姓杨，在仁宗身边撒娇与郭皇后争宠，郭皇后对她们恨之入骨。

有一天，她们在皇帝面前相骂，后来还动起手来打人。郭后伸手连打尚氏几个巴掌，仁宗看不过去，起座阻拦，谁知郭后一巴掌打过来，尚氏躲开，仁宗往前一拦，这一巴掌落到了仁宗脖颈上，还留下了印痕。

仁宗大怒，要废掉郭皇后，御史中丞孔道辅、右司谏范仲淹等人联名上书，以"后无过，不可废"为由，劝仁宗收回成命。其中范仲淹最为激亢，在垂拱殿俯伏道："皇后乃是国母，不应轻易废掉，愿待召赐对，俾尽所言。"

范仲淹与宰相吕夷简为此事在廷上争执，此时仁宗皇帝心中早有决断，很快就传来谕旨："伏阁请对，盛世无闻，孔道辅、范仲淹等冒昧径行，殊失大礼。孔道辅贬知泰州，范仲淹贬知睦州（治今建德梅城）。"

大致意思是在这件事情上，孔道辅、范仲淹等人失了礼数，应该惩罚，分别贬去地方。

范仲淹，字希文，苏州吴县（今江苏苏州）人，幼年丧父，母亲改嫁长山朱氏，遂更名朱说。北宋大中祥符八年（1015），范仲淹苦读及第，授广德军司理参军。后历任兴化县令、秘阁校理、陈州通判、苏州知州、权知开封府等职，因秉公直言而屡遭贬斥。

可以说，范仲淹一生坎坷，但又做不到与世俗同流合污，此时他已经年近半百，早就没了怨天尤人的心思，于是立即带着家人，离开京城开封，南下浙江，到睦州府当知州。因为，他的人生宗旨是居庙堂之高则忧其民，处江湖之远则忧其君，所以并没有特别想不开的事情。

范仲淹从杭州乘船由钱塘江而上，进入桐江峡谷，但见这一带风景如画，一时倒也心宽起来。过富春山严陵祠下，见当地百姓在举行吴俗祀神活动，兴致大发，咏道："汉包六合网英豪，一个冥鸿惜羽毛。世祖功臣三十六，云台争似钓台高。"并走进严陵祠，凭吊东汉隐士严子陵。

彼时的严子陵祠已经残破，颓败不堪，范仲淹看见后心中一片黯然，因为严子陵的高风亮节，向来为他所敬仰。所以当他四月份到了睦州府治梅城时，第一时间安排了从事章岷去钓台，修葺严子陵祠，自己则撰写了备受世人瞩目的《严先生祠堂记》。

这篇铭文，以歌作结，其歌曰："云山苍苍，江水泱泱。先生之风，山高水长。"其中"先生之风"的"风"字，范仲淹原来用的是"德"字。有一说他自觉太过拘泥，联系到宋玉的《风赋》："夫风者，天地之气，溥畅而至，不择贵贱高下而加焉。"所以改为"风"字。

从"德"到"风"，字的更换，也能一窥范公的气量。

范仲淹到睦州，首先要做的事是兴办学校，因为他认为，一个地方的发展，人才十分重要，而人才的培养，关键在教育。

当时睦州城里有两座孔庙，府志上称儒学。睦州府属孔庙原在府治东南隅，北宋雍熙二年（985）睦州知州田锡孔将其迁到西北隅（今严师附小所在地）；另外一座孔庙是建德县儒学，在府城内县治偏东（今梅城林场东侧）。

范仲淹在视察时，发现州学（官办学校）设在孔庙里，规模不大，环境更是不理想，师生上课和住宿都成问题，决定拨款重修扩建。范仲淹先后下令重修明伦堂、联辉堂，还新建东西两侧的时习、近思、克己、笃志等四斋，以及两庑，使睦州府孔庙焕然一新。

同时，范仲淹还将其俸禄全部捐出，在兴仁门外的文昌阁前创办起一所书院——龙山书院，这是建德第一所真正意义上的书院，可以说揭开了睦州教育史的新篇章。

睦州城背靠乌龙山，面临三江口，水患不断。在范仲淹的主持下，于城东修起一座南北向的堤坝，把龙山来水及三江口的洪水挡在城外。与杭州西湖上的白堤、苏堤一样，此堤曾被称为"范公堤"。另外，他还主持疏浚东、西两湖，使之成为府城内两处胜景。

范仲淹是北宋景祐元年（1034）的春天来睦州的，到了这一年的六月就离开睦州，去苏州任职，前后总共数月时间。

然而在梅城古镇之中，纪念范仲淹的建筑物比比皆是。后人在武定门外竹阁建思范亭，并建三先生祠，祭祀范仲淹、吕祖谦、张栻三位贤人。明嘉靖十四年（1535），知府韩叔阳在思范亭前建思范牌坊，又在富寿牌坊义学旧址和福运门（小南门）分别建范公祠，祭祀范仲淹。1993年，梅城镇人民政府在巷口建思范牌坊。

这些建筑物，都是梅城人对范仲淹为当地办了许多好事、实事的纪念，也是他"先天下之忧而忧，后天下之乐而乐"精神的具体体现。

陆游知严

南宋淳熙十三年（1186），六十二岁的陆游，得到丞相王淮的推荐，到临安（今浙江杭州）觐见皇帝，这是他仕途中第二次被贬回家乡山阴（今浙江绍兴），闲居了六年之后，重新得到任用。

陆游，字务观，号放翁，越州人，自幼聪慧，深受爱国思想的熏陶，少年时就有读书报国大志，一生以恢复中原为己任。

然而，陆游的人生之路坎坷，多磨多难。年轻时学业虽优，却遭秦桧妒恨排斥，功名未果。秦桧死后，三十多岁的陆游才初入仕途。他刚正不阿的性格，使得他的仕途几经受挫，几起几落。他积极备战抗击金邦的主张，与南宋朝廷主降派政见不合。虽先后受到宋高宗、宋孝宗几次召见并起用，却又屡遭诬陷排挤，几次被贬。

这次皇上召见也是一桩喜事，不过得耐心等候传召。陆游住在西湖边上的客栈里，在百无聊赖中，他写了一首名作《临安春雨初霁》：

世味年来薄似纱，谁令骑马客京华。

小楼一夜听春雨，深巷明朝卖杏花。

矮纸斜行闲作草，晴窗细乳戏分茶。

素衣莫起风尘叹，犹及清明可到家。

宋孝宗是在延和殿召见陆游的，陆游借机向皇帝进谏，依然提出北伐金邦、统一南北的主张。

此时的宋孝宗早已没有初掌权时的抱负，特别是隆兴北伐失败后，他在内外政策上都转向平稳，南宋朝廷陶醉在"中外无事"、偏安一隅的升平景象之中。

对于陆游的急迫，宋孝宗避而不答，转移话题说："严陵，清虚之地，卿可多作文。""严陵，山水胜处，职事之暇，可以赋咏自适。"意思是说，严陵郡（严州府）是个清净、风景又好的地方，在那里可以吟诗作对，不是挺好的吗？

圣旨不可违，何况官家又美言相慰，陆游只得乖乖去梅城走马上任。

其实陆游对梅城并不陌生，宋仁宗皇祐元年（1049），他的高祖陆轸就曾做过睦州知州。梅城旧有"世美祠"，供奉着陆轸的遗像，陆游的《先太傅遗像》写道："以公自赞道帽羽服像，刻之坚珉，慰邦人无穷之思。"

等陆游上任时，睦州早改称严州了。

这里有个典故，睦州下属的淳安，出了著名的方腊起义，这把火，差一点葬送了宋王朝，宋徽宗一气之下，将睦州改为严州，严加看管！

陆游来到严州，正逢丙午（1186）荒年，到处可见灾荒后的悲惨场景。怀着忧国爱民、济世安邦想法的陆游，决心在严州做出一番事业。

年逾花甲的陆游很忙，他作有《读范文正潇洒桐庐郡诗戏书》，"桐庐朝暮苦匆匆，潇洒宁能与昔同。堆案文书生眼黑，入京车马涨尘红"，从中可以看出那种繁忙。

陆游体察民情，极重视农事农耕，时常下乡巡视，他到梅城的第二年和第三年，分别写了两篇"劝农文"，即《丁未严州劝农文》和《戊申严州劝农文》。原文如下：

《陆放翁全集》书影

丁未严州劝农文

　　盖闻农为四民之本，食居八政之先，丰歉无常，当有储蓄。吾民生逢圣世，百谷顺成，仰事俯育，各遂其性。太守幸得以礼逊相与从事于此，故延见高年，劳问劝课，致诚意以感众心，非特应法令，为文具而已。今兹土膏方动，东作维时，汝其语子若孙，无事末作，无好终讼，深畎广耤，力耕疾耘，安丰年而忧歉岁。太守亦当宽期会，简追胥，戒兴作，节燕游，与吾民共享无事之乐，而为后日之备，岂不美哉。

戊申严州劝农文

　　盖闻为政之术，务农为先。使衣食之粗充，则刑辟之自省。当职自蒙朝命，来剖郡符，虽诚心未格于丰穰，然拙政每存于抚字。觞酒豆肉，曷尝妄蠹于邦财。铢漆寸丝，不敢辄营于私利。所冀追胥弗扰，垦辟以时，春耕夏耘，仰事俯育。服劳南亩，各终穮蔉之功。无犯有司，共乐舒长之日。今者土膏既动，稼事将兴，敢延见于耆年，用布宣于圣泽。清心省事，固守令之当为。旷土游民，亦父兄之可耻。归相告戒，恪务遵承。上以宽当宁之深忧，下以成提封之美俗。

　　字字真情，句句在理，足见陆游对发展农业的重视。

　　陆游在严州主政两年，在职事之暇，还写下大约三百首的诗词佳作。这些诗词今日大多存留，是因为宋朝开创了千古绝唱的"宋版书"时代。而严州又是宋代印刷业最为发达的地区之一，宋版严州本，"墨黑如漆，字大如钱"，是宋刻本中的上品。

　　严州出版业的繁荣，一直延续到清代，十六卷本的《聊斋志异》，就是蒲松龄的老乡、山东莱阳人赵起杲在清乾隆三十年（1765）调任严州知府后起意刻的。

在这里，还得说下陆子遹。

陆子遹，亦作子聿，字怀祖，是陆游最小的儿子，陆游来梅城上任时，陆子遹才九岁。陆游临终前留下的《示儿》诗，"死去元知万事空，但悲不见九州同。王师北定中原日，家祭无忘告乃翁"，就是写给他的。

陆子遹痴好编书、刻书，对父亲又有特别的崇拜感，陆游的文集《渭南文集》就是他编的。

在陆游离世后的南宋宝庆二年（1226），四十九岁的陆子遹也以奉议郎的身份出任严州知州，任期三年。三年内，他将父亲生前的诗作，编辑刻印了《剑南诗稿续稿》（六十七卷）（此书已经失传）。

时至今日，梅城最有名气的三条大街之一的府前街上，有一座二层仿民国时期建筑，即陆游与严州展陈馆，此馆建立初衷是为打造全国知名的陆游纪念馆。

参考文献

1.〔晋〕陈寿：《三国志》，中华书局，2006 年。

2.〔宋〕范仲淹：《范仲淹全集》，四川大学出版社，2007 年。

3.〔元〕脱脱等：《宋史》，中华书局，1977 年。

4.胡永杰：《范仲淹：楼上一叹动千年》，中国发展出版社，2008 年。

5.诸葛忆兵：《范仲淹传》，中华书局，2012年。

6.程应镠：《范仲淹新传》，上海人民出版社，2016年。

龙门：孝悌勤俭的孙权故里

　　龙门古镇位于杭州市西南的富春江南岸，背靠仙霞岭余脉的龙门山，龙门山海拔 1067 米，山顶云雾缭绕，气象万千，为富阳群山之冠。东汉名士严子陵游览龙门山时称赞"此地山清水秀，胜似吕梁龙门"，龙门古镇因此得名。

　　发源于龙门山瀑布的龙门溪，淙淙潺潺，汇入剡溪，呈"丁"字相交穿越龙门古镇。嵊州也有一条剡溪，是嵊州的母亲河，历史悠久，早在唐代，众多文人墨客入剡览胜，留下许多名诗佳句，形成盛极一时的浙东唐诗之路。

　　龙门古镇 90% 以上的村民是三国东吴大帝孙权家族的后裔，据家谱记载，自三国孙权时期开始，孙氏家族已经在这里居住了 1000 多年，繁衍近 70 代人。

　　千百年来，经各房一代又一代修筑，此地从一个大家庭的聚居地，形成今日的古镇。古镇建筑以两座孙氏宗祠为中心，共建有孙氏厅堂 40 多座，砖砌牌楼 3 座和 1 座古塔、1 座寺庙。古镇内厅堂密布，巷道纵横，墙檐相连，房廊相接，走进古镇令人如坠迷宫，东西莫辨，

龙门古镇

别有一番情趣。

　　卵石铺就的道路连接着一户户人家，可以看到已经露出原木本色的座座厅堂，而这一切都自然而然地流露出田园的质朴与清新。龙门是一个因家族聚居而兴起的古镇，延续了千年的孙氏"家文化"是龙门亘古不变的灵魂所在。著名杂文家何满子给龙门留下了"来这里读懂中国"的至高评价。

吕梁龙门

　　东汉建武元年（25）六月，已经是"跨州据土，带甲百万"的刘秀在众将拥戴下，于河北鄗城（今河北省邢台市柏乡县固城店镇）的千秋亭即皇帝位，为表重兴汉室之意，刘秀建国仍然使用"汉"的国号，史称东汉，刘秀就是汉世祖光武皇帝。

同年十月，定都洛阳。

而此时的天下依然极度混乱，关中地区，赤眉军拥立傀儡小皇帝刘盆子建立了建世政权，虎视中原。西北陇右的隗嚣、西南巴蜀的公孙述也都实力不俗。在一片军阀混战的乱世中，百姓伤亡惨重，战死和病饿而死者不计其数。

面对如此混乱的局势，刘秀想起了一个人，他的老同学，严光。

严光，本姓庄，后人避汉明帝刘庄讳改其姓，一名遵，字子陵，会稽余姚（今浙江余姚）人。

刘秀并非那种天才式的人物，很多时候只能算得上中人之资，而严光不一样，他从小就展现出超人的学习能力，少年时就有高名，俨然是不可逾越的存在。

在青年刘秀眼里，严光大抵是值得崇拜的，这种情绪，等于现在普通人仰望天才的那种想法，终生难忘。刘秀思贤念旧，特别希望这位青年时的好友能出仕来辅佐自己，就下令按照严光的形貌在全国查访他。

而此时的严光在做什么呢？其实他早已知道年轻时的朋友做了一国之君，高官厚禄，唾手可得，可他却弃之如敝屣，躲避新政权能赋予他的权势，选择在富春江畔隐居，每天的生活就是钓鱼和游历，日子过得悠闲快意。

刘秀的手下是勤勉的，很快就探寻到严光的住所，刘秀立刻遣使备置安车（小车）、玄纁（延聘贤士的礼品），如此三辞三请，严光实在拗不过，才来到京都洛阳。

这其中，发生了不少小故事。

有一次，刘秀亲自来到严光居住的馆舍，严光睡着不起来，刘秀就进了他的卧室，摸着严光的腹部说："咄咄子陵，不可相助为理邪？"（哎呀！子陵，就不能帮着做点事吗？）

这种习惯是刘秀青年时和严光相处时留下的，那是羡慕其肚里有"货"的一种表达。

严光睡着不讲话，过了好一会儿，才睁开眼睛道："昔唐尧著德，巢父洗耳。士故有志，何至相迫乎！"

这里引用了一个典故，意思是过去唐尧那样显著的品德，巢父、许由那样的人听说授予官职的事尚且去洗耳朵。读书人本各有志，何以要到强迫人家做官的地步。

刘秀说："子陵，我竟然不能使你做出让步？"于是便上车，叹息着离开了。

后来，刘秀又请严光到宫里去，谈说过去的交往旧事，两人在一起相处好多天。严光睡熟了把脚压在刘秀的肚子上。第二天，太史奏告，有客星冲犯了帝座，很厉害。刘秀笑着说："朕故人严子陵共卧耳。"（我的老朋友严子陵与我睡在一起罢了。）

唐代吴筠写道："汉皇敦故友，物色访严生。三聘迨深泽，一来过帝庭。紫宸同御寝，玄象验客星。禄位终不屈，云山乐躬耕。"

刘秀后授严光谏议大夫，严光不肯屈意接受，刘秀没办法，只好放他回富阳。

严光回他隐居的地方，路过了一处灵秀之地，在此做了停留。此处在富春江南岸，背靠仙霞岭余脉，一路沿溪而上，山路崎岖，匍匐逶迤，两侧奇峰层叠，形如钟鼓。

沿着山路，能到一座山谷，谷边溪水作龙蛇萦绕，四处林木葱郁，空气清新沁人肺腑，漫步其间，身心为之轻盈。谷底断壁陡峭，飞瀑直泻，落差百米，崩渤大作，震耳欲聋，水花四溅，迷人眼目。

后世郁达夫在《龙门山题壁》诗中赞曰："天外银河一道斜，四山飞瀑尽鸣蛙。明朝我欲扶桑去，可许矶边泛钓槎？"

而当时的严光，没有郁达夫的才情，只是在游览时称赞了一句"此地山清水秀，胜似吕梁龙门"。

夏禹治水，凿吕梁以通黄河，从此黄河掉头向南，咆哮出峡，此地东西两岸绝壁对峙，峡谷河流水势汹涌，激流澎湃，放眼望之，形如门阙。此处更有"春三月，鲤鱼逆水而上，跃入其门化而为龙"的神话传说。

以"胜似吕梁龙门"来形容龙门山的风景，可见严光对此地的赞叹，也赋予了这块灵秀之地一个响亮的名字——"龙门"。龙门古镇由此得名，一直延续至今。

龙门孙氏

东汉光和五年（182），吴郡富春（今浙江省杭州市富阳区）人孙坚多了一个儿子，富春孙氏为江南望族，系出山东安乐，是"兵圣"孙武之子富春侯孙明的嫡传。

孙坚，字文台，史书说他"容貌不凡，性阔达，好奇节"。据说孙坚出生前，孙氏祖坟数有光怪。五色云气，上连于天，蔓延数里远近。父老们都说："这不是一般景象，孙家恐怕要强盛起来了。"

而这个儿子在其母亲怀他的时候，也有异象，他母亲梦见太阳进了自己的怀里。

这个事情，孙坚是知晓的，并说了："此吉征也。"

对于太阳，汉人是有"人君之表"的说法，《后汉书》中有"日，君象"的描述。《后汉书·五行志》也写道："日者，太阳之精，人君之象。"崔豹《古今注》里更是为此作颂歌："天子之德，光明如日。"

所以，对于这个儿子的出生，孙坚是极为高兴的，并亲自给其取名"权"。《穀梁传》有云："大夫执国权。"

这个名字，代表了孙坚对儿子的期望，他期望这个次子未来能够执掌权柄，成为不凡人物。

而这个儿子也没有辜负孙坚的期望，建安五年（200），孙策遭刺杀身亡，孙权继而掌事，成为一方诸侯。建安十三年（208），孙权与刘备于赤壁联合打败曹操军队。

黄龙元年（229），孙权正式称帝，成为三国时代东吴的建立者，为吴太祖。

孙权第六子孙休的儿子为豫章王，其五世孙孙瑶，为刘宋大将军，兵守临江青草关，临江即富春江。孙瑶死后葬紫薇山，坟前有梓树，独向东荣，青草关人为怀念孙瑶，遂将青草关改名为东梓关，流入富春江的青草浦改为东梓浦，孙氏居宅于此。

南宋潜说友的《咸淳临安志》，上面说"东梓浦，在县西南五十一里，东入浙江，旧名青草浦。宋将军孙瑶葬于此，坟上梓木枝皆东靡，故以名"。

至孙瑶后十二世孙劻（908—977），仕宋累官至奉议大夫，他有一个想法，想要把孙氏家族从东梓关迁走。

东梓关这地方江面狭窄，对面有桐洲沙，往东两公里是洋涨沙，形成了一个天然关隘，是过富春下钱塘必经之地，往来行旅都要从此通关，是一个好地方。

孙劻为何如此考虑，其实和当时的大环境有密切关系。"陈桥兵变"后赵匡胤继位，建立大宋，南征北战，统一了北方，而当时东南一隅的吴越国国力强盛，有抗衡之资。

孙劻并不知道吴越国王钱镠之孙钱弘俶，准备遵循王祖钱镠"善事中原，维护一统"的家训。为了避免生灵涂炭，钱弘俶做了一次伟大的放弃——放弃吴越王位，尊赵氏为帝，舍别归总，将所部十三州、一军、八十六县、五十五万六百八十户、十一万五千一十六士卒，悉数献给宋朝，促成了中华统一，史称"纳土归宋"。

孙劻只以为钱弘俶如常人般为一己私利，不顾百姓生死，依然负隅顽抗。而孙氏所在东梓关就在吴越国治下，一旦宋、吴越开战，仕宋的孙�家人自然受到牵连。

其长子孙忠，是这个计划的执行者，他对新迁地方的要求其实非常明确，远离交通要津，但又不能偏离太远，要有水路相连，四周要有腹地可以随时退守，最好靠近山岭。

孙忠执行力很强，在很短的时间内就选好了地方，这个地方，就是当年严子陵盛赞的离东梓关约三十里地的"龙门"，此地背靠龙门山，龙门溪与剡溪呈"丁"字相交，周围峰峦四起，围出一片绿野田园。

山环水抱，山水汇聚，藏风纳水，形成了"前有照，后有靠，左右两侧山环抱"的格局；剡溪北侧低矮的案山匍匐在前，像屏风一样立于龙门前方，案山后高大饱满的山脉形成朝山。

龙门山为仙霞岭余脉，仙霞岭山脉东起衢州、丽水两市交界处，向南延伸进入遂昌县境内至浙闽交界处，后继续沿浙闽交界延伸，接洞宫山脉，向西南延伸至浙赣闽交界，接武夷山脉，可谓进退皆可的世外桃源。

很快孙氏一族由东梓关迁龙门，而孙忠自称"二一居士"，尊父为龙门孙氏一世祖，家族繁衍，修房建屋，慢慢形成了龙门古镇。

孙氏家风

明洪武六年（1373）七月，龙门孙氏宗祠中又添加了一名新的男丁入谱，此座祠堂乃孙祁（1155—1228）所建，是龙门孙氏首座宗祠。

孙祁，字翌光，排行十八，故后裔称"十八公"，宋宁宗时由举人任大理寺评事，为官刚正不阿，不畏权势，审理案件公平严明，所以南宋名儒真德秀曾题赠匾额"彝鼎流芳"，此匾至今还悬挂在宗祠之上。

彝鼎，泛指古代祭祀用的鼎、尊等礼器。"彝鼎流芳"指在家族中美名传扬。欧阳修《相州昼锦堂记》有言："铭彝鼎而被弦歌者，乃邦家之光。"可见当时孙祁的名望。

男丁被赐名"坤"，小名"福远"。

孙坤的童年是非常不幸的，七岁时父亲就去世了，六年后母亲又逝世，由兄景禧及嫂颜氏抚养长大。不过孙坤本人很努力，从小勤奋好学，考中秀才后入县学就读。

成年后，他给自己取了一个字"景祐"，景是从了他哥哥的排字，祐通佑，《易·系辞上》解释"自天佑之"，这代表着孙坤对自己凄惨童年的一次告别。

后来，孙坤中永乐乙酉科（1405）浙江乡试第四十七名举人，入太学。不久，进工部，经历过诸司工作。

孙坤入工部的时候，正是大明永乐年间。对于永乐大帝的评价，历史上颇有争议，但不可否认的是，永乐大帝是想做一番事业的人，要不然也不会编修内容浩瀚、开创世界文化史上百科全书编纂先河的《永乐大典》，更不会有七下西洋、五征漠北的伟业。不过相对的，永乐大帝也是一个冷酷无情的皇帝，残杀建文帝遗臣时极其残酷，非常冷血。

由于孙坤工作勤敏练达，吏部知道后，提拔他任工部都水清吏司主事，升迁之快也是难得。不过相应地，就是收到了一个异常棘手的任务——督造郑和下西洋的宝船八十余艘，限期一个月完成！

郑和远洋的宝船并非寻常船只，其最大的宝船长44丈4尺（约150米），宽18丈（约60米），载重量约800吨。无论是构造还是施工，哪一个都是很大的科学问题，如果换成一般酷吏，只怕会不惜人力。不过孙坤到太仓（今江苏省太仓市）船厂后，合理安排，科学调度，没有因为赶工期而劳毙一人，且按时竣工。

七月十一日，苏州府刘家港（今江苏省太仓市浏河口）人山人海，锣鼓喧天，鞭炮齐鸣。郑和告别了欢送的官员和黎民百姓，登上孙坤督造的宝船，缓缓向东驶去。

明宣宗宣德二年（1427），孙坤因积劳成疾，逝于任上。

孙坤的儿子孙莲芳，生有七子，今日龙门的孙姓子孙，百分之九十是其后裔。孙莲芳为纪念父亲造了"承恩堂"，并获朝廷恩准建造了"工部"牌楼。

"工部"主管工程营造、工匠、屯田、水利、桥梁、船舶制造、水上交通等。明沿用宋旧制，设吏、户、礼、兵、刑、工六部，又称"天、地、春、夏、秋、冬"六官。"冬官"即工部别称，故承恩堂又叫"冬官第""冬官厅"，而牌楼上有"冬官第"三字。

承恩堂堂前有一根立柱造型特别奇特，竟然是扭曲的，难免让人想到"上梁不正下梁歪"这句俗语。据说，当年之所以这么设计，是想给后人以警示：立身处世，永远以孙坤公为榜样，勤廉方正，不走邪道，否则祸延后代。

"工部"牌楼

孙莲芳的儿子孙颐，人称惠庵处士。他晚年根据祖宗遗训和自身的学识，整理创作而成《垂教四箴》，内容分为"孝箴""悌箴""勤箴""俭箴"四部分。孙氏还特意建造了一座厅堂——"陈箴堂"来供奉这四篇箴言，勉励子孙后代不忘祖德，砥砺躬行。

孝箴，"孝为百行首务，尤居万善大端"，主要教导后世子孙应该孝顺父母。

悌箴，"悌以友爱是主，义乃敬长为先"，主要教导后代子孙弟兄之间应该团结友爱。

勤箴，"勤乃起家根本，惰是丧败萌由"，要求子孙勤耕苦读，只有勤耕才能获得丰收，只有苦读，才能有所作为。

俭箴，"俭乃保家之要，奢实覆产之门"，要求子孙时时注意节俭，不能挥霍浪费。

在四箴家训的影响、熏陶下，龙门孙氏历史上涌现出了数量众多的廉官良臣和仁人义士，"半列儒林，咸饶富有"（出自《龙门孙氏宗谱》）。

孙氏义行

龙门《孙氏遗训》记载：日暮研穷经史，春夏服力田畴；勿恤栉风沐雨，常怀刺股悬头；笃学方能入圣，深耕乃亦有秋。

明嘉靖十一年（1532），孙颐的孙子孙濡由龙门出发，奔赴河南，任长葛县令。

孙濡，字孔恩，号惠泉，生于明弘治十五年（1502）五月，从小勤奋好学，志向不凡，十三岁就写有"借墙角梅，济苍生渴"的诗句。

在任上，他谨遵官德，恪尽职守。有人劝他奉承讨好上官，他说："用剥削老百姓的钱去奉承上官的事，我绝对不会去做。"同僚们称赞他："孤介自持，苟且不行。"士绅们称赞他："廉与白璧争辉，陋一钱之尚受。"

不过在孙濡上任的时候，长葛县正是旱灾连年，而那一年的旱灾特别厉害，土地旱掉以后，庄稼颗粒无收。

为了找到缓解灾情的办法，孙濡彻夜难眠。很快他考虑到家乡的荞麦生长期比较短，到立秋以后播种可以救灾。

于是孙濡一纸家书送回龙门，在信中，孙濡让家人拿出所有积蓄，购买荞麦种子送去救灾。为了多买一些，家人们甚至变卖了部分家产，当一万多斤种子运到长葛以后，孙濡亲自向当地百姓传授播种技术。

由于持续干旱，种下的荞麦迟迟不见发芽，望着干涸的麦田，情急之下，孙濡在田垄上长跪不起，对天祈祷。

或许是他爱民胜于爱子的誓言感动了天地，一场大雨解除了当地旱灾，百姓们不忘孙濡的大恩，为他建起了"孙公祠"，并把荞麦尊称为"孙公麦"。

孙濡在长葛任职六年，去职还乡时，长葛的士民拦路挽留，赠"政侔卓鲁"一匾。卓鲁指的是东汉良臣卓茂、鲁恭，南朝齐孔稚珪《北山移文》："笼张赵于往图，架卓鲁于前篆。"侔，《墨子·小取》："侔也者，比辞而俱行也。"

这块匾额的意思，是将孙濡与东汉著名良臣卓茂、鲁恭并称，以表敬仰与感激之情。

舍财取义的孙濡告老还乡时，甚至拿不出钱来修缮自家的厅堂，后在族人的帮忙下，才修起一座"余荫堂"。厅堂落成之时，孙濡亲笔在厅堂墙壁上写了四个大字"清正廉洁"，门楣上写了"端履"二字，以此来鼓励后世子孙行正道，施义举。

而践行他义举思想的人很快出现了。

余荫堂

明嘉靖二十三年（1544），江南荒灾不断，民不聊生，龙门镇尤为严重。此时，朝廷却派来了官员催缴皇粮，而龙门孙氏根本拿不出粮食上缴。

眼看乡里只有背井离乡一条路，孙潮站了出来，他不仅代缴了全村皇粮，还以一千石稻谷救灾。

孙潮，人称四十五阿太，按照辈分，他与孙濡同辈，所以名字里都有一个水字旁。他不如孙濡有才气，不过从小聪慧，善于琢磨，很快就走上经商之道。数年下来，家资殷实，人们称他是"左脚踏银，右脚踏金"，虽家财万贯，但是他粗衣淡饭，乐善好施。

知县将他的事迹呈报皇上，皇上大为褒奖，赠"义民"一匾。知县奚朴亲笔题写"义门"两字，建起义门牌楼，就在龙门古镇的中心位置。这座门楼高6米、宽13.1米，古朴大气，雕刻十分精美，门楣上雕刻的是双狮，代表吉祥如意，背面是仙鹤，代表长命百岁。

义门牌楼

除此之外，孙潮还建立了义塾，就设立在义门之后的"燕翼堂"中，《诗·大雅·文王有声》："武王岂不仕，诒厥孙谋，以燕翼子。"《毛传》："燕，安；翼，敬也。"孔颖达疏："思得泽及后人，故遗传其所以顺天下之谋，以安敬事之子孙。"

"燕翼"谓善为子孙后代谋划，取此堂名也代表了孙潮的一些想法，此处专供穷苦人家子弟入学，学生全部免费入学，书籍学费均由房内学田支付。这种以耕养读、举全族之力培养人才的做法，不仅使龙门孙氏人才辈出，而且也深深影响了他们的人生观和价值观。

义门不光是一座有形的建筑，更是一座无形的丰碑，它使"乐善好施""积善行乐"成为镌刻在龙门人心底的操守，使"积善人家庆有余"成为孙氏家族千百年矢志不渝信奉的持家之道。

参考文献

1. 〔南朝〕范晔：《后汉书》，中华书局，2007 年。

2. 孙奎郎、孙关清、孙万祥等重修：《富春龙门孙氏宗谱》，2009 年。

塘栖：负塘而栖的运河古镇

　　塘栖镇，位于杭州市北部，与湖州市的德清县接壤，地处杭嘉湖平原南端。著名的京杭大运河穿镇而过，使其成为苏、沪、嘉、湖的水路要津，历朝历代以来，塘栖均为杭州市的水上门户。

　　宋以前，塘栖仅仅是一个小渔村，名曰下塘村，直到元末张士诚拓宽了官塘运河以后，人们沿塘而栖，小镇才初现雏形。光绪《唐栖志》中有着这样的记载："迨元以后，河开矣，桥筑矣，市聚矣。"又云："唐栖以官道所由，风帆梭织，其自杭而往者，至此得少休。自嘉秀而来者，亦至此而泊宿，水陆辐辏，商货鳞集，临河两岸，市肆萃焉。"

　　塘栖古镇在明清时富甲一时，贵为江南十大名镇之首。山明水秀，名胜古迹较多，自古以来就有着众多美丽的诱人景色。旧时，曾有栖溪十六景之说。

　　镇中心横跨运河的广济桥，为全国重点文物保护单位京杭大运河的组成部分，属于中国大运河世界遗产点，系京杭大运河上唯一的一座七孔石拱桥；广济桥下的郭璞井，传说为晋人郭璞所建；水北保存完好的乾隆御碑，系浙江省境内最大的石碑之一。

　　丰子恺老先生曾写过《塘栖》一文，盛赞："江南佳丽地，塘栖水乡是代表之一。"塘栖古镇就像独处深闺的少女，袅袅婷婷、宁静安闲，又若栖隐山林的雅士，俊秀博达、玄静淡泊。

塘栖水北街乾隆御碑

唐隐士栖

塘栖在旧时称作唐栖，并有着众多别称，这些别称大都散见于文人雅士所留下的书画题咏和诗词唱和之中，其中以栖水、栖溪最为常见。认可较众者为"负塘而栖"一说。此说始见于胡玄敬所撰的《栖溪风土记》，胡玄敬云："国初开设运河，大筑塘岸，居民初集，负塘而栖，因名唐栖。"

此说言之凿凿，颇为可信，是不少研究者、学者广为认可的一种说法。

不过在民间，又有一"隐居"说，《卓氏家乘》中说："唐栖者，唐隐士所栖也，隐士名珏，字玉潜，宋末会稽人也。"

元末学者陶宗仪记录过一则唐珏的故事。据他抄录的《唐义士传》中记载，元至元十五年（1278），总统江南佛教事宜的僧人杨琏真加发掘南宋诸帝陵寝，抛尸荒野。

杨琏真加，西夏人，藏传佛教僧人，吐蕃高僧八思巴帝师的弟子，被忽必烈恩宠，信赖有加。史载杨琏真加善于盗墓，曾盗掘南宋诸皇帝、皇后、公侯卿相坟墓，"凡发冢一百有一所，戕人命四"（《元史·世祖本纪》卷十七）。

浙江山阴县（今绍兴）当地有一位义士叫唐珏（字玉潜），时年三十二岁。他目睹陵寝惨状，痛愤不已，卖掉家当，私下备酒宴，邀请乡里少壮辈。

酒至半酣，唐珏突然说："今请诸君协力，前往收埋先帝尸骨，如何？”

有一人问道：“山上将官把守，虎视眈眈，事情一旦暴露，如何是好？”

唐珏说：“此事我早已运筹，今四郊荒野多露白骨，何不以假乱真，取而代之呢？”

众人应诺。

唐珏拿出备好的木匣若干只，上面覆盖黄色丝绢，署上帝名、陵名，与众人趁月色分头潜入陵山，自永思陵以下，随帝名、陵名将诸帝遗骸分别收藏起来，埋在宝山之阴天章寺前，种上冬青树，以为标志。

杨琏真加知道此事后，自然不会放过唐珏，他派人追杀唐珏，唐珏只好背井离乡，一路逃到今天的塘栖一带，隐居了起来。

至今，塘栖超山大明堂浮香阁前还有一株“唐梅”，相传，梅树就是为宋朝义士唐珏种植，为了纪念他而命名为唐梅。此梅铁干虬枝，婀娜多姿，虽饱经风霜，仍傲然挺立，老当益壮而年年开花，引得一拨又一拨的游客特地赶来朝拜。

超山宋梅亭上有南浔人周梦坡撰书的对联：

与孤屿萼绿花同联眷属；
剩越山冬青树共阅兴亡。

“孤屿”，是指杭州孤山。“萼绿花”是传说中道教女仙名，此处专指梅花名贵一品。“越山冬青树”指的就是元代初年，江南释教总领杨琏真加为破坏宋室龙脉风水，盗取位于绍兴皋埠南宋帝陵中的金银财宝，并将帝后尸骨抛于荒野。塘栖义士唐珏激于义愤，出资召集人收拾帝后尸骨，择处葬后移植冬青树，以为标示。对联是说超山的宋梅和孤山的梅花同属宋代，如亲眷家属，并和越山，也就是绍兴帝陵之上的冬青树一样，见证着王朝存亡。

这些痕迹都代表着塘栖对于唐珏的纪念，唐珏是否真的隐居在塘栖，塘栖之名是否由"唐隐士所栖也"而来，其实并不重要，重要的是这代表着塘栖人自古而今传承的一种"义"的精神。

《孟子·离娄章句下》："大人者，言不必信，行不必果，惟义所在。"这是塘栖人坚守公正合宜的道德、道理的最大总结。

士诚开河

元至正十九年（1359）。

曾经的私盐贩子，现在的大周诚王张士诚有点沮丧，起因在于一场规模甚大的战斗，交战对手是曾经的落难和尚，俗称"重八"的朱元璋。

张士诚军和朱元璋军在余杭、诸暨、江阴、湖州、建德、绍兴、杭州、常州等地展开争夺战，双方对诸暨的争夺尤为激烈。正月，朱元璋军胡大海夺得诸暨；六月，张士诚的爱将吕珍堰水灌城，结果大海反灌，倒霉的吕珍不得不撤出战场。

此时的张士诚早就没了当年脑袋别在裤腰带时的豪

气，颇为保守，而江南的富庶又让他有点安于现状，在他脑袋里，存留的只是保住现有的荣华富贵。

思虑之下，张士诚做出了一个决定，为了加强防卫，张士诚征发浙西之民大规模修筑杭城，由郡守谢节和守将潘元明组织和指挥，出粟 20 万石。所有土石砖礬灰铁木等物材，"累巨万亿而不可胜记"，历时 3 个月完成。

在改筑杭州城的同时，为了更好地支援作战前线，张士诚又组织民夫 20 万，拓展自武林港至江涨桥段运河航道，长 45 里，宽 20 丈，亦名新开运河。此项工程彻底解决了下塘运河从杭州北新桥至塘栖武林港的 30 多里水路在枯水季节会有局部河段断流的情况。

这个改变，对于塘栖来说，是一个真正拐点。

古代的塘栖，很早就有运河穿境而过，这条运河沟通往来于苏杭嘉湖间的古运河①。

杭嘉湖平原地形四周高，中间低。平原上又水网密布，整个盆地呈一盘碟状。而处于盘碟底部的塘栖、下塘河流域地势低洼，是杭嘉湖平原海平面最低处，因地势低洼，天然形成了多处"悬流"。

明代万历年间，嘉兴李日华所撰《紫桃轩又缀》云："唐以前自杭至嘉皆悬流，其南则水草沮洳，以达于海，故水则设闸以启闭，陆则设栈以通行。古脊山碑谓'石栈自钱唐北抵御儿之脊口'，乃其证也。至今有石门、斗门之名，而其迹则湮于阡陌久矣。"又云："唐宋时，嘉湖地皆悬流，重重设堰埭，用牛挽船过堰而征其税，置官领之，唐人诗所云'牛屎堆边识张祜'，张祜者，以祜曾为我地东瓜堰官也。"

①包括南宋时二次疏浚的新开运河（今西塘河）。

"沮洳"是指江海边水草丛生的低湿之地。而所谓"钱唐北抵御儿之胥口"是指从杭州城北部即塘栖方向至嘉兴地区的水路。

南宋严光大《行程纪》中有详细记载："缘其时自五林港而上至北新桥，数十里中有三里漾、十二里漾（俗名柏树头）风波之险而浅狭处几不通舟楫，则水路阻矣。大河之旁，溇港歧出，既无沿河之堤岸，又无支渡之桥梁，则陆路阻矣。水陆交阻，盗贼出没，商贾畏焉，谁复由此问途哉！"

说明了塘栖镇西那条从武林港至杭州北新桥的，长达 30 多里的南北向古河道，河宽流急。每遇阴雨天气，往往风波险恶。而有些河段，河道狭浅，水枯季节舟船几乎不通。

河道两岸既没有河堤遮护，也没可以供人通行的桥梁，陆路也是无法通行的。正是水陆交阻，路途难通，故被行旅商人视为畏途，少有人有胆量从水道经行往来杭州。

这就造成了在张士诚开运河之前，往来杭州的商旅、官舫均不走塘栖水道，而宁愿劳工费力，拔船越坝走上塘运河；也导致了塘栖一直默默寡闻，并没有很好地发展。

而张士诚新开运河之后，南北往来之舟船行旅、官舫漕船舍弃上塘河，取道更加便捷的塘栖下塘水道往来苏杭间。穿越塘栖镇区的下塘河成了京杭大运河杭州段的主航道，正式成为维系皇朝命脉的"官河"。

从塘栖穿境而过的下塘运河，往北可通德清、湖州而入太湖；往东北经新市、练市、东迁、南浔、平望、吴江、苏州、无锡、常州、镇江入长江；往东经崇福、石门、乌镇、嘉兴、松江入上海吴淞而通江海。

历史上对于张士诚的评价褒贬不一，张士诚本人也是属于"迟重寡言"，似乎有气量，但是没有远图的角色，所以在元末的争霸大业中输给了朱元璋也不算冤。

但是张士诚对于塘栖来说，恩同再造，从他之后，塘栖"水陆通行、便于漕饷"，"行旅征程，昼夜如织"，因而河开矣，桥成矣，官道所由、风帆梭织，其自杭而往者至此得少休，自嘉秀而来者亦至此泊宿。四乡之民"越墟出贩者，晨驰夕骛，肩摩迹累"，甚至"日来船千数泊塘栖"。

《栖溪风土记》中记载：塘栖"财货聚集，徽杭大贾视为利之渊薮。开典、囤米、贸丝、开车者，骈臻辐凑，望之莫不称为财赋之地，即上官亦以名镇目之。闹市所在，店铺林立，百货充盈；就地商市，以枇杷、甘蔗、荸荠、鲜鱼为大宗"。

从此，塘栖成为南北商贾荟萃、闻名全国的物货交流集散之地，并以浙江商业巨镇的形象出现在杭嘉湖平原之上。

重修广济

明弘治二年（1489），鄞县（今宁波）人陈守清来到了塘栖，他是一名商人，常年往来于宁波、杭州、苏州，当时做生意走的都是水路，塘栖是他必经的中转休憩处。

此时的塘栖被运河穿镇而过，镇城被分成水北、水南，原来有一座古桥，名"通济桥"，有赋记曰："唐栖南

塘栖广济桥

北通衢也，跨溪有桥，额曰通济。肇自前代，漫不可考，久益倾圮，往来病之。"

从赋中也可以看到古桥坍塌严重，行旅难渡。历年有壮胆而过者，常从桥上坠河淹死，每年都有数起。镇民亦有修复之议，但因河宽工大，巨款难筹，无人敢出面承担。

这事与陈守清也无关系，他往来塘栖也是行程匆匆，自然也不会留意这座破损长桥。

不过，这日他可能略感困顿，就选择在塘栖稍作休息，黄昏时，还在塘栖饮了酒，然后目睹了一场人间惨剧：运河之中风浪太大，突然将一艘渡船掀翻，一船的人说没就没了。有镇民冒死将尸体打捞上来，然后两岸之处都是号啕之声。

冥冥中可能自有天意，陈守清突然产生了一个执念：修桥！

执念，是长期反复不断地寻求自我的过程，而同时自身的观念又被需求和想法束缚，两者相互作用，不断上升，最终得到升华。

陈守清带头捐出自己毕生经商积攒下的钱财，并发动镇上的商民捐款。然而，要建这么一座大型石桥，这点资金杯水车薪，光造桥所用的武康石，就要从大老远的德清那儿去买，所以没过多久就面临了资金困难的问题，工程被迫停了下来。

关键时刻，陈守清做出了一个让所有人大吃一惊的举动，他毅然削发为僧，舍弃家庭，抛妻别子，沿着京杭运河北上，四处化缘募集资金。

为了引起人们的注意，陈守清摇着银铃在北京城里串街走巷，或是自缚铁链终日坐于街头，呼喊哭泣募资。这种荒诞的举动极容易引起人们的注意，因此此种举止是明时很多苦行僧人募化造寺、造塔时采用的一个办法，也表达出他们非凡的毅力和破釜沉舟的决心。

据说他的举动感动了皇家，皇太后助银四百二十两，皇太子助银三十两并无量寿佛一轴御宝。朝中官员也纷纷解囊，终使大桥修建有了着落。

广济桥建成后，南直隶松江府华亭（今上海松江）人，明弘治三年（1490）进士第一名，官翰林院修撰的钱福写了《重建长桥记》。此文撰就后，陈守清亲自将记刻碑上石，落款"弘治十一年（1498）戊午冬十月二日，宁波府鄞县化主陈守清立"。

这个事情在明代剧作家徐士俊撰写的《重修长桥碑记》中有记载："弘治间，有僧守清，本四明陈氏子，偶有所激，遂发是愿，直走长安，曳数丈银铛，高呼燕市，惊动深宫，首蒙皇太后赐赍，因而诸王宫主以下暨大小臣工，罔不施给，其金皆邮致杭州，僧归，而桥之成也若流水矣。"

而明嘉靖年间工部尚书蒋瑶所撰的《重修通济长桥记》则从侧面证明了此事不假："弘治甲寅，方外陈守清者，谋始重建，工费浩大，艰于厥成。时武宗皇帝尚在青宫，敬承圣慈仁孝（寿）太皇后懿旨，遣官遍施名山大川，清逢其适，得赐白金若干。"

今天的广济桥桥型为薄墩联拱，拱券采用纵联分节并列砌筑，中孔最大，然后向边孔逐孔缩小，中孔有券板十一节，次孔至边孔分别为九节、七节、五节。桥顶面长 5.78 米，两头共有台阶 160 级，桥墩踏道最宽处 5.9 米，向上渐缩，桥顶净宽 4.5 米。拱脚宽 6.0 米，拱券上下约有一米收分。券石厚 0.25 米，眉石厚 0.2 米，中孔桥面紧贴眉石，墩厚仅 1.42 米。此桥跨大拱高，远看桥面，尤为纤薄。

在浙江众多的老桥中，广济桥是经典中的经典。它是京杭运河上唯一存世的七孔石拱桥，有着不可替代的文物价值：造型古朴，结构独特，桥面中央浮刻有圆形牡丹团花图案，四角望柱上琢成覆莲状，桥孔顶部还有双龙戏珠、鲤鱼跳龙门等精美图案，为研究古代桥梁文化提供了丰富史料。

1989 年，广济桥被列为省级文物保护单位；1998年，为保护此桥、畅通水运，杭州市政府出资 8000 万元将运河改道；现在，此桥是全国重点文物保护单位京杭大运河的重要组成部分。

2014 年 6 月 22 日，在卡塔尔多哈举办的第 38 届世界文化遗产大会，正式通过了中国大运河的申遗请求，塘栖广济桥遂成为世界文化遗产。

2015 年 9 月，塘栖人专门为陈守清打造了一尊塑像，安放于广济桥头，并誉其为"广济桥之父"。陈守清也作为塘栖人坚韧、急公好义的精神代表，永远留存在这片土地上。

高贤栖托

明嘉靖九年（1530），广济桥建成三十多年后，由于长期使用，加上上游苕溪的来水相当凶猛，又没有水库等水利设施的节制，河流形成了洪涝，危及桥梁，整个桥身开裂，主洞近乎坍塌，一度影响了整个塘栖水北、水南的交通。

此事在德清新市人，明弘治十五年（1502）进士陈霆所撰写的《塘栖镇通济桥碑记》中有明确记载："然溪之上游实受钱塘诸山之水，当其大发，则径冲旁注，水为桥拒，则涌为波涛，旋为激湍，澎跃击撼，桥几堕裂。""曾无几何，虚为实乘，中以边掣，桥之主洞，掀走载形，崩溃可待。"

这个时候，塘栖人吕瑭（字廷润，号一素）眼看桥崩溃在即，对他的两个儿子吕坤与吕需说："镇之有桥，吾先君尚翁尝两助其役，今须更治，度费四百金。吾藉成业力可办也，若辈其相予必继先德。"

这段话的意思就是，这座桥修建的时候，吕廷润的父亲吕皋两次捐款相助，如今大桥快崩塌了，资金估计需要四百两白银，我们家有能力拿出来修好这座桥。同时告诫两个儿子，以后碰到类似的事情，也应该继承祖上尚义舍财的先德。

现代人对四百两白银没有什么概念，我们可以类比一下，明万历年间，一两白银可以购买大米两石，折合当下近两百公斤。四百两白银的实际购买力，约等于四十万人民币。

这种行为，让当时记录的陈霆异常感动，这是一种放到现在，都是仁义之举的典范，更是一介里士的高尚情怀。"吕君一里士，故能治办有国有政者之务，先王之教不戒而率充是心也。"是"有伟其士，蹈义弗辞，视痌在躬，捐金若遗"，而"父诏子严，祖德孙阐。尚父有后，奕世其衍"，值得"刻贞石铭之以诗"。

塘栖吕氏是塘栖卓、吕、丁、吴诸大姓中的佼佼者，其先祖是北宋宰相、文靖公吕夷简之后，南宋东莱先生吕祖谦的从孙，元末有恭、俊、义三人从金华迁来塘栖定居，是为栖溪吕氏的始祖。

而吕瑭正是吕义的曾孙，其父吕皋，号尚本，正是吕瑭口中的"先君尚翁"。

塘栖吕氏是"诗礼名家"，有"承忠厚之德泽，有不绝之簪缨"的评语，家风更是"族谊以敦睦为尚，式好（骨肉和好）以和逊为先"。这一点，在吕瑭的两个儿子身上更是有充分体现。

吕璜长子吕坤博学端良，文誉宏茂，是当时知名的理学家，与许多文化名人有过交往。而次子吕需，号水山，史载"水山其人有古豪举之气概"，曾以一篇《谈天雕龙论》擢拔省试第一，成为当朝首辅徐阶的学生。

吕需此人对塘栖的贡献是巨大的，是他最早在塘栖开办书院讲学；又是他将京城的蜜饯制作技艺传入塘栖，让塘栖糖色成为风靡两京的时令小食，其中"糖水青梅"更被誉为蜜饯之首，在著名的《随园食单》《陶庵梦忆》及明清《杭州府志》中都有记载。

康熙年间，张之萧所著《栖里景物略》中记载："（塘栖糖色）盖皆起于水山吕公，京省驰名。"清道光年间，塘栖所产蜜饯已被选为贡品，清光绪年间"百年汇昌"更是内务府的指定供应商。

塘栖吕氏从吕皋建造"尚本楼"园第，开了塘栖私家园林之先河起，到吕坤、吕需兄弟一代，吕园方成，也开启了塘栖镇私家园林之盛。

吕园中有"樾馆"，是塘栖镇上最早的藏书楼，保存了一大批北宋及历代流传下来的学术文献，为"中原文献之传"。"樾"字有"树荫"的意思，塘栖吕氏将藏书楼名谓"樾馆"，有朴拙、不事奢华之意，更借指大树庇佑，子孙延绵。

吕坤曾刻一方内容为"吕氏典藏，传家读书，子孙共守。不许损失借卖，违者茔祠除名"的藏书印，以告诫子孙。

在明嘉靖年间，凭借着"樾馆"的藏书，"煮字轩"的研考，吕坤、吕需两兄弟带着一批塘栖文化人，读书唱和、煮字论道，使塘栖文风盛行，吸引了三吴两浙的文化名流来塘栖聚集。

塘栖之所以成为江南十大名镇之首，并非只依靠园亭别墅，随着时代变迁，这些都会湮没于历史尘埃之中，仅留存于尘封的志书。而塘栖吕氏所代表的读书人"温润襟怀同白玉，清修眉宇照青春"的精神气概，才使得塘栖能在岁月长河中源远流长。

参考文献

1. 支伟成、任志远辑录：《吴王张士诚载记》，中华书局，2013年。

2. 丰国需：《传说塘栖》，浙江古籍出版社，2018年。

3. 卓介庚等：《塘栖的名门望族》，中国轻工业出版社，2018年。

寿昌：忠孝节义的诗风之乡

寿昌镇地处浙江省杭州市建德西南，东和东南与大慈岩镇毗邻，南连龙游县，西北与淳安县接壤，北与新安江街道毗邻，古称郭邑里。寿昌之地名，随县治迁徙而更改。西晋太康元年（280），原新昌县隶属于新都郡（治所始新县），由新昌更名寿昌。唐至德年间，寿昌县四迁万松山南麓，寿昌之地名才落地生根。

寿昌历史悠久，早在五万年以前，这里就栖居着一群"建德人"。《禹贡》中记载为扬州之域，春秋时属吴国，战国时属越国。这里有始建于明代的石砌五孔桥——南浦桥，有青龙头新石器时期遗址、东汉墓群遗址、明清古建筑洪家厅等古迹，还有蔡郎坝、密山堰、南堨坝等具有千年历史的水利工程。

天下西湖三十六，建德寿昌有一湖。寿昌下辖里诸村以古文化和旅游资源丰富著称，是三国时期著名军事家、政治家、思想家诸葛亮后裔繁衍、生息、走向兴盛之地。

寿昌，《晋书·穆帝纪》载："督护戴施获其传国玺，送之，文曰受天之命，皇帝寿昌。"寿昌之释义：长寿昌盛，是至高无上的称谓。寿昌之地实乃风水宝地、万世荣昌，从唐至德年间设立至今一千二百余年从未更改其地其名。

沿着寿昌中山路步行街缓缓而行，所见之处皆为青瓦白墙的古镇建筑，悠悠时光赋予寿昌深厚历史文化底蕴，"乡愁"在这里有着完美体现。

四迁县治

寿昌镇地处浙西，千里岗山脉在境内广泛分布。寿昌镇是几座山间一块平地上的集市聚居而成的，城北有万松山，南边有河，名艾溪，亦称寿昌江。不过在历史上，寿昌数迁治所，今日之寿昌并非原址。

吴大帝孙权黄武四年（225），正是曹丕至召陵（今河南郾城东），凿通讨虏渠，准备伐吴的时候。而东吴正好做了一次新的区域划分调整，由富春县析置新昌县，县治设花园平（今大同镇劳村），隶属吴郡。

《严州图经》载："汉兴以隶吴郡及丹阳郡，东汉仍隶两郡。至建安十三年（208），孙武（权）遣威武中郎将贺齐击定山越，始分丹阳郡之歙县，立始新（今淳安县）、新定（前遂安县）、犁阳、休阳四县，合县与歙为县六，置新都郡，治始新。"

据明万历《严州府志》记载，新昌县故地，在永平乡六都花园平，三国时吴分富春立新昌县治于此，《民国寿昌县志》亦有类似记载。

花园平是平川高坡，新昌县治设此后为县衙后侧的花园，新昌县治被撤后，成为被民间称呼的小地名，事后官家志书、民间家谱中均沿用"花园平"之地名。

西晋太康元年（280），国体更替，新昌县名始改寿昌县，寿昌之名始此。寿昌之意长寿昌盛，是至高无上的称谓。花园平之南有座城山，城山山麓高、坡平坦。当时择址匆匆，为避花园平水患，城山山麓就成为理想之选。两处相距数里，迁治省力亦省钱，寿昌县初治便择于此处。

《民国寿昌县志》记载："晋平吴改为寿昌，今其地曰古城畈，又名邑村畈。"千余年后的今天，寿昌县始之地的人们仍称其地为古城畈、邑村畈，尚有老者还记其名。

寿昌县治设城山山麓达三百余年，隋文帝开皇九年（589），废寿昌县并入新安县（今淳安县），隶属婺州。

寿昌古镇晨韵

隋炀帝大业三年（607），新安县更名雉山县，原寿昌县随新安县而划入其中。

唐中宗神龙元年（705），寿昌县从雉山县剥离，寿昌县重入唐王朝编制名录，隶属睦州。治所暂选横山山脉东端，万历《严州府志》记载，其称郭邑里，又称桂村畈，即今寿昌镇桂花村。

不过此地也是怪异，县衙屡遇火焚，建了烧，烧了又建，仅几十年时间里竟有多次，搞得官不安、民不宁，人心惶惶。明万历《严州府志》载："寿昌县城池旧治在郭邑里，屡火，徙县东仁丰乡之白艾里。"

白艾里位于郭邑里之东南下首艾溪之南岸，又叫白

艾畈，在一个小平川的中心（今寿昌镇大塘边一带），而今人们仍这般称呼此地。明清二朝《严州府志》载有："旧城在白艾里，自郭邑里徙于此，相传今桂村。"

白艾畈是通衢要地，无论水路、陆路都比较便捷。水路直下高街（今更楼街道）湖岑城，赴州城只需数个时辰。陆路东行山门岭，穿翠溪过山后庄，便通州城。走东南翻甘岭可达婺州，直接南行过大顺岭是婺衢两路官道。

南宋咸淳四年（1268），榜眼傅崧之有诗云："金姑山上野花红，住近城东第一峰。溪药香时收白艾，山车行处驾青龙。"

白艾畈虽风景隽秀，但有水患之苦。县衙的建筑群遇到洪水就泡在汪洋之中，汛期艾溪之水在白艾畈回旋，农家居舍常被卷入洪流。县衙因涝八字大门难开，政务无法处理。遇三伏大旱，艾水断流水鸟嬉滩，舟船依滩插篙待雨复航。

唐肃宗至德年间（756—758），设于白艾里的寿昌县治，终因汛涝被迫四度迁徙县治。最后新县治选择在白艾畈的西北方，艾溪之北岸，万松山南麓正阳之地，依屏山而建（即今寿昌镇地域）。

万松山与白艾畈隔溪相望，是艾溪北岸一个山脉纵横、绿树成荫的好地方。明清二朝的《严州府志》载曰："松枫苍翠，掩映通达。"民国寿昌县县长陈焕在《寿人行》中描述："万松山上山势雄，万松山下灵秀钟。"

当年的万松山松柏满坡，山水间鸟语花香，尽是绿水青山，生态优则人心畅，人心畅则政务通。万松山南麓也确是福地，从唐玄宗天宝间置县，延至 1958 年并县时止，时间长达一千二百余年，可谓风水宝地。

俗话说事不过三，四迁寿昌县治是县治史上的奇谈。这也使得寿昌人的性格中多了一份坚韧，少了一份抱怨，也是今日寿昌人文的一个重要体现。

寿昌猛奴

南朝梁天监十八年（519）。

义兴阳羡（今江苏宜兴）人周荟，任寿昌浦口戍主，驻扎罗桐埠、梅坪一带。

周荟在历史上并不出名，值得夸耀的仅仅是和南朝名将——"白袍将军"陈庆之同郡，两人相熟，关系甚好。陈庆之年少时就为梁武帝萧衍的随从，颇受信任，能和他搞好关系的人，多半是性子和蔼、不生是非之人。

周荟除了性子好外，还有一个特质，就是爱才，或者说天生对有能力的人有特别好感。

在周荟任寿昌浦口戍主期间，他就发现了一个人才，一个十一岁的少年。

"能反覆游水中数里，跳高五六尺，与群儿聚戏，众莫能及。"

这种能力放到今日都是惊人的，更何况是在南北朝战乱时期，百姓普遍营养不良，有此等能力，可以说一声天赋异禀。

周荟立刻召那少年对话，知道他姓项，名字叫猛奴，而且家境贫困："母老家贫，兄姊并长大，困于赋役。"

周荟很可怜他，也起了爱才之心，就跟他回家，在征得其母同意后，将他收为养子。

魏晋南北朝时期，收养养子的现象非常普遍。养子可分为为嗣的养子和不为嗣的养子两大类，而周荟明显是把项猛奴当成自己的嗣子看待，在他任满之后，就把项猛奴带到了建康（今江苏南京）。

周荟特意请了太子詹事周舍为项猛奴起名，周舍便给他起名文育，字景德，从此项猛奴就成了周文育。

周荟对周文育的教育非常上心，他让侄子周弘让教他读书写字。不过周文育对周弘让所教的诗文不感兴趣，道："谁能学此，取富贵但有大槊耳。"

周弘让认为他很有志向，便教他骑射功夫。几年后，周文育武艺精进，勇猛超群。

梁武帝普通年间（520—527），当时担任司州（治今河南信阳）刺史的陈庆之起用周荟为前军之主，让他率领五百人前往新蔡（今河南新蔡）、悬瓠（今河南汝南）慰劳白水（河南淮阳县）百姓，周文育随往。

周文育并不知道，当地人早就密谋归附北魏，而周荟父子就是当地人的"投名状"。

也亏着周荟机警，发觉了当地人的阴谋，于是父子奋力抵抗。

"时贼徒甚盛，一日之中战数十合，文育前锋陷阵，勇冠军中。荟于阵战死，文育驰取其尸，贼不敢逼。及夕，各引去。文育身被九创，创愈，辞请还葬，庆之壮其节，厚加赗遗而遣之。"

从这段文字中，可以知道当时战况是如何惨烈，周荟在阵中力竭战死，而周文育毫不畏惧，冲入阵中，即便身负九处创伤，也用尽力气抢出其父遗体，使得敌人都畏惧不前，不敢进逼。

这种忠勇节气，就连陈庆之都十分钦佩，特意安排了"赗"遣其回家。赗，用车马帮人办丧事，《幼学琼林》："以财物助丧家谓之赙，以车马助丧家谓之赗。"

这是一种礼节，也是一种代表，代表陈庆之对周文育的欣赏，欣赏他勇猛过人，也欣赏他忠义孝节。

周文育安葬好义父后，因征岭南有功，受封为南海（今广东番禺）令，后投奔陈霸先。

梁太平元年（556），徐嗣徽引北齐兵渡江占领芜湖，文育还都御敌，于白城与陈霸先相会。将战，风急，霸先说："矢不能迎风而发。"文育说："事急矣！当决之，何必定依古法！"即抽槊上马而进，众军随之，杀伤数百人，大败徐嗣徽。

梁太平二年（557）十月，陈霸先灭梁，建立陈朝，号武帝。加封周文育镇南将军、开府仪同三司、寿昌县公，赐鼓吹一部，以示优遇。

陈永定三年（559），周文育率部征讨叛军，被豫章内史熊昙朗谋害。陈武帝闻讯，即日举哀，赠侍中、司空，谥"忠愍"。

陈天嘉二年（561），周文育配享武帝庙，子孙袭封寿昌县公。

周文育是寿昌的骄傲，他的一生也远非短短几句能够描述，纵观其生平，我们可以清晰地看见周文育身上的一些品质，谥号"忠愍"就代表着周文育于国之危难时挺身而出扶持国运的那种担当。

唐朝初期史学家姚思廉评价："杜僧明、周文育并树功业，成于兴运，颇、牧、韩、彭，足可连类矣。"

这或许就是寿昌人廉方公正、推贤尽诚、虑国忘家精神内核的来源。

寿昌诗风

唐大中元年（847）。

李忱继承大统，他在位时，勤于政事，孜孜求治，整顿吏治，并限制宗室和宦官，整个国家相对安定繁荣，历史上把这一时期称为"大中之治"。

所以直至唐朝灭亡，百姓仍思咏不已，称李忱为"小太宗"。

在此大前提下，时任寿昌县令穆君也是心情大好，邀请了一位叫李频的才子共游灵栖洞。

灵栖洞位于浙江建德市西南35公里，它由灵泉、清风、霭云三洞和灵栖石林组成。灵泉洞以水见长，清风

洞以风取胜，霭云洞以云雾称奇，灵栖石林以惟妙惟肖拟人状物的造型石景而引人入胜。

如此美景，自然让穆君诗情大发，吟诗道："一径入双崖，初疑有几家。行穷人不见，坐久日空斜。"得此四句后，稍顿未续。李频在场续吟："石上生灵草，池中落异花。终须结茅屋，到此学餐霞。"穆君大为赞赏。

李频，字德新，唐睦州寿昌县人。幼读诗书，博览强记，领悟颇多。杭州刺史姚合以诗闻名，李频前往拜谒，姚合见其诗，把爱女许配李频为妻。

李频为晚唐杰出诗人，是睦州诗派的代表性人物，一生诗作甚多，但大多散佚。南宋嘉熙三年（1239），建州太守王野在京城书肆中得李频诗195篇，辑为《梨岳诗集》，并为之序。《梨岳诗集》入选《四库全书》，清代孙洙《唐诗三百首》选入李频五言诗《过汉江》，中华书局出版的《全唐诗》载李频诗208首。

唐大中八年（854），李频登进士第，授秘书省校书郎，后为南陵县（今安徽芜湖一带）主簿，再迁武功（今陕西咸阳一带）县令。在任期间，整顿吏治，安定社会，发官仓赈济灾民，兴修水利。唐懿宗奖其绯衣（四、五品官服饰）、银鱼（五品以上官员出入宫廷的符信），并调京任侍御史，升任都官员外郎。

在他之后，另外一名诗人就在寿昌声名鹊起。

这个诗人叫翁洮，字子平，号青山。

翁洮系遗腹子，自幼时便以颖敏见称闾里，善于文辞，工于诗赋。其叔翁明以孝廉授宣议郎任寿昌广文（唐天宝九年设广文馆，设博士、助教等职，主持国学）期间，将翁洮带入官署教养。唐光启三年（887），翁洮以一曲《吏士复见汉威仪赋》并省题《春色满江皋诗》赐进士第。

翁洮登第后，初选开封府，任满受左丞相推荐入朝，加升礼部主客司员外郎，继封殿中侍御史。

此时正是晚唐时期，朝中朱温和李克用互相攻伐，翁洮洞察朝廷气殒式微，看穿官宦当道、儿皇无能、八方烽火之衰迹，叹已无力回天，毅然解官自谪。

回乡后居寿昌城西外十里的航川中村（今航头），

号青山，同时于白眉山下创青山书院，立志教书育人，寄治国安邦宏志于后嗣。据《寿昌县志·古迹篇》（万历本民国重修）记载："青山书院在县西南十里，青山之阴，唐聘君翁洮建，遗址犹存。"

中国古代书院始于唐朝，当时中国只有书院17所，浙江仅2所。可以说青山书院是中国最早的书院之一，堪称中国南方十大书院之列，翁洮也是我国最早创办书院的先贤之一。

其时，朝廷下诏，遣人请翁洮出山为官。翁洮心境已明，向使臣答以《枯木诗辞召命作》："枯木傍溪崖，由来岁月赊。有根盘水石，无叶接烟霞。二月苔为色，三冬雪作花。不因星使至，谁识是灵槎。"唐僖宗读诗后，心生敬意，未怪罪翁洮，更赐曲江鱼以示恩典。

翁洮受征召不起之佳话被广为流传，此事在浙江、福建等各地翁氏族谱中均有所载，历代《寿昌县志》中，多称翁洮为唐聘君。

翁洮早年就与李频、方干等当时睦州治下颇为活跃的诗友交往笃深，于入仕前后均有诗赋相往来。睦州在元和至咸通之间的短短六七十年时间里，涌现了一大批诗人，如施肩吾、方干、李频、翁洮、章八元、徐凝、周朴、喻坦之、皇甫湜、孙頠、何希尧、皇甫松、章孝标、章碣等，形成了睦州诗派现象，而翁洮是其中的重要代表之一。

翁洮当属晚唐盛行的苦吟派诗人，注重字句的推敲锤炼。主题上多表达友谊之情、思念家乡和亲人之意、归隐山林、歌颂山川江河等大自然之趣。

翁洮一生诗作较多，著有《青山集》凡诗三百篇（现已散佚），是建德历史文化的重要瑰宝，《全唐诗》收录翁洮诗一卷十三首。经发掘，现已整理出其诗作共140首，民国《寿昌县志》录有《上子男寿昌宰》《赠进士王雄》《渔者》《赠方干先生》《和方干题李频庄》《青山书院诗》《井谷帝庭》《蒙山霁雪》《芦畈春耕》《柘源晓牧》《嵋麓樵归》《梅溪渔隐》等。

寿昌三圣

北宋皇祐三年（1051）。

浙江龙游人刘珏来寿昌担任知县，此时的寿昌刚刚经历了大饥荒，"两浙路大饥荒，道有饿殍，饥民流移满路"，旁近杭州的范仲淹创造性地实施了"荒政三策"，平复了灾情。

龙游挨着寿昌，两边多有姻亲，如航头镇的珏塘，就是边界上的小村，两个市县只隔一条小渠，一座屋的这边半座属寿昌，那边半座属龙游。一瓢水从寿昌泼过去，便可泼到龙游。

刘珏来这里当官，就如同在家乡一般，可以说是当之无愧的父母官。

刘珏在历史上并不显达，也没有太多值得描述的故事，但是他对寿昌人很好，在任有善政，后官至少保，谥忠简。

死后，寿昌人数千迎其枢葬于万松山，民众塑其肖像于城隍庙后殿及东岳行祠，四时祭祀不绝，并称之为"红老爷"。

有"红老爷"，自然有"黑老爷""白老爷"，寿昌人很念旧，对于为寿昌增光添色的人都铭记于心。

"黑老爷"叶林是寿昌人，北宋天禧年间（1017—1021）应举得武状元，选授殿前卷帘使，时称叶状元，据传叶林身长八尺，肩力过人，武艺高强。

关于"黑老爷"还有一个民间故事，说他小时候家里很穷，母子俩相依为命。有一天夜里，叶林从葫芦岭（今周村）外婆家偷来一只食镬（铁锅，寿昌人叫食镬），母亲看到后非常生气，要他连夜背回去。可是，这时候天渐渐亮了，儿子背着一只食镬去外婆家，怕被人看见不好，母亲就来到大门外，对着天跪拜道："天哪，你再黑一会儿吧，让我儿子把食镬背回去还了，给他一个改过自新重新做人的机会吧。"老母亲的话一说完，天果然又黑了下来。叶林就把那口食镬背了回去。

所以民间又把黑老爷叶林叫作铁老爷。

"白老爷"要晚点，是明万历二十九年（1601）辛丑科殿试金榜第三甲的夏其光（字中瀛，人称萧太保），江西新建人。赐同进士出身。明万历三十年（1602）任寿昌知府。

后改任衢州常山县知县，之后又到朝廷任给事中，执掌"侍从、谏诤、补阙、拾遗、审核、封驳诏旨，驳正百司所上奏章，监察六部诸司，弹劾百官"，另外还负责记录编纂"诏旨题奏、监督诸司"的执行情况。虽然是个不起眼的文官，但很容易得罪人。所以，夏其光最后被人诬陷致死。

夏其光在寿昌为官期间，十分清廉谨慎，深受寿昌百姓爱戴，被人诬陷致死后，寿昌人也把他当作"圣人"来纪念，并确定每年的二月初十，与另外两位"圣人"一起接受全县人民的祭祀。

寿昌人对先贤的敬畏之心是十分令人动容的，寿昌二月十庙会，一般在每年农历二月初九到十一三天，全镇人都往镇上蜂拥而去。

"三圣殿"祭祀由本镇大户蒋、翁、施三家轮值年。自农历二月初一开始，先在城隍庙开台演戏，一直到初十夜止。初五为"三圣"更换新袍，铁老爷黑袍黑冠，刘爷爷红袍红冠，萧太保白袍白冠。

初八出殿，经桑园、大塘边、翠坑口、下朱、于合、新街、七里庙、刘家、山峰、河村等十余个村庄，入夜扛回。次日游下桂、上桂、三岩、余洪、周村，过密山殿兵分两路，刘爷爷去前村畈、小山，铁、萧二爷经汪家、后大路，在毛家会合，然后进城回殿。

"三圣"出巡，仪式庄重，前有明灯火把，斧钺仪仗、吹鼓手和戴红帽的唱道班紧随其后。他们一路上敲锣打鼓，所到之处，爆竹锣鼓喧天，香案棋布。初十游街更是热闹，短短千余米街道要走整整一天，因各家商店都备有祭品，每行三五步就得停轿受祭，硝烟弥漫，爆竹震耳，达到高潮。

这其实是寿昌人对本乡自然、历史与人文的集体记忆，似乎不宜用"迷信"一词轻轻抹去。从长远看，这种对本乡本土一山一水、一树一石、一人一事的集体回忆，慢慢会在我们身上沉淀下来，成为一种特殊基因，一种传统记忆，世世代代相传。

参考文献

1.〔唐〕姚思廉：《陈书》，中华书局，1995年。

2.〔清〕吴世荣：《光绪严州府志》，浙江古籍出版社，2017年。

3.陈焕：《寿昌县志》，民国十九年（1930）重修。

西兴：唐诗之路的门户襟喉

钱塘江南岸的西兴古镇，历史上曾是两浙门户，交通发达，地势险要，自古为"浙东首地，宁、绍、台之襟喉"。

西兴老街西端连着浙东古运河的源头，是全长200多公里的浙东古运河的起源之地。运河途经萧山、绍兴、上虞、余姚、宁波，在镇海城南注入东海。

西兴是南来北往的一个中转码头，万商云集，市民络绎，市容繁华，因此出现了"过塘行"，即专替过往客商转运货物的"转运行"，南北客商、东西货物都须集此中转，故过塘行布满西兴，是西兴商业全盛时期的标志。"西兴过塘行及码头"是世界遗产名单中的"大运河"之"浙东运河"的组成部分。

"西兴"历史可上溯至春秋时期，初名固陵，六朝至唐，因其位于会稽郡西端，遂易名西陵，后梁乾化二年（912）八月，以"陵"非吉语，更名为西兴，沿用至今。宋置镇，清废，习惯上仍称镇。

唐时，西兴是"浙东唐诗之路"的入口，文人墨客、官宦名流，吊古赏景、观潮吟诗，多会于此。唐杜甫有诗云："商胡离别下扬州，忆上西陵故驿楼。"李白的《送王屋山人魏万还王屋》清楚地记录了魏万浙东唐诗之旅的具体路线：由苏州入越，先在杭州参观了钱塘潮，然后进入绍兴，游览会稽、耶溪、镜湖、剡溪、曹娥碑等处，入天台遍游浙东、浙南，绕行浙西而去。魏万的浙东之行，正是从西陵渡口出发，且行走的路线将浙东八州囊括其中，不必走回头路。

春秋固陵

周敬王二十四年（前496）。

越王允常死，子勾践即位。吴王阖闾趁机伐越，勾践出兵再战于槜李，《春秋》杜预注曰："吴郡嘉兴县西南有槜李城，其地产佳李故名。"《大清一统志》则说："槜李城在秀水县西南七十里……吴越战地。"

勾践派敢死队自杀于吴军阵前，趁吴军惊惶之际率军突击，吴军大败，吴王阖闾被击伤脚趾，在回师途中死去。吴国称霸的势头暂被遏制。

这段战争在《左传》中有详细描写：

> 吴伐越。越子句践御之，陈于槜李。句践患吴之整也，使死士再禽焉，不动。使罪人三行，属剑于颈，而辞曰："二君有治，臣奸旗鼓，不敏于君之行前，不敢逃刑，敢归死。"遂自刭也。师属之目，越子因而伐之，大败之。灵姑浮以戈击阖庐，阖庐伤将指，取其一屦。还，卒于陉，去槜李七里。

越子句践就是指勾践。

此战，让吴越两国彻底陷入了不死不休的结果，阖闾的儿子夫差继位后，使人立于庭，苟出入，必谓己曰："夫差！而忘越王之杀而父乎？"则对曰："唯，不敢忘！"

可见他对越国的恨意。

从当时的情况分析，吴越两国军事实力相对比，吴国还是占有一定优势，槜李之战的失败并没有动摇吴国地位，反而是越国，要时刻提防一个饱含仇恨的邻国的侵扰，就显得有点被动起来。

所以，越王勾践一回到国都，就召唤了大臣范蠡，希望他能够在钱塘江南岸寻找一块地方，修筑起一座城，作为抵抗吴军的第一线，拱卫越国都城会稽。

范蠡，字少伯，是楚国宛地三户（今河南南阳淅川县滔河乡）人，出身贫贱，但是博学多才，与楚宛令文种相交甚深。当时的楚国有一个奇葩规定，非贵族不能入仕，所以范蠡与文种一起投奔越国，之后被拜为上大夫。

范蠡是开拓型人才，用他自己的话来评价是："四境之外，兵甲之制、立断之事，种不如蠡；四境之内，镇抚国家、亲附百姓，蠡不如种。"

越王勾践选择他来筑城无疑是英明的。

范蠡考察了钱塘江南岸情况，很快选择了一个地方来修筑城池，这个地方在今天，叫西兴。

《越绝书》谓"浙江南路西城者，范蠡敦（屯）兵城也。其陵固可守，故谓之固陵。所以然者，以其大船军所置也"；《吴越春秋》载，越王勾践入吴，"临水祖道，军陈固陵"，即指此地。

固陵的修建，让越国在钱塘江南岸有了一个坚固堡垒，可以遥望江北，甚至有更强的动力向北攻略。

在固陵，还有一段小的传说。

《吴越春秋·勾践阴谋外传》："十二年……乃使相者国中得苎萝山鬻薪之女，曰西施、郑旦。饰以罗縠，教以容步，习于土城，临于都巷。"

吴越征战中，有阴谋，有诡计，其中最广为人知的就是美人计，其关键性人物就是西施。

西施，子姓施氏（具体生卒年不详），本名施夷光，春秋时期越国美女，一般称为西施，后人尊称"西子"，春秋末期出生于越国句无苎萝村（今浙江诸暨），自幼随母浣纱江边，故又称"浣纱女"。

唐朝李白在《西施》中这样描写道：西施越溪女，出自苎萝山。秀色掩今古，荷花羞玉颜。浣纱弄碧水，自与清波闲。皓齿信难开，沉吟碧云间。

她的出现，最早源自文种"伐吴九术"之四"遗美女以惑其心，而乱其谋"。

范蠡寻访到西施后，就立刻带她回返都城，由于西施是浣纱女，并不懂得太多礼仪，所以有专人教导她歌舞、步履、礼仪。西施发愤苦练，三年之后，举手投足间，均显出体态美，待人接物，十分得体。

一切完备后，就给她制作华丽适体的宫装，进献吴王，走的路线和越王入吴大致一样，所以在固陵（今西兴）略作停留。

西施在去吴国前，自然也要涂粉、画眉、搽香，将自己精心打扮。当时西施补妆的地方已经不可考，明来集之《樵书初编》载，知县邹鲁在西兴驿站正门前用来表彰孝义的木桩上，题"庄亭古迹"四字，谓西施至此梳妆渡江也。

现在的西兴为纪念此事造了一个亭子，取名庄亭，上面有两句诗："黄金只合铸西施，若论破吴功第一。"

贺循开河

西晋太安二年（303）。

晋廷急征荆州壮勇赴益州，遭到荆州民众的强烈反抗。曾任县吏的义阳（今河南信阳西北）首领张昌，在安陆（今湖北云梦）石岩山聚众起义。

这场叛乱很快波及会稽，李辰在江夏郡起兵叛乱，李辰的副帅石冰占领扬州，驱逐了会稽国相张景，用曾任宁远护军的程超取代他，又命自己的长史宰与兼领山阴县令。

十二月，时任会稽内史的贺循在会稽起兵，劝降了程超和宰与，帮助被驱逐的会稽相张景回到会稽。尽管会稽郡动乱得以平定，但贺循通过此番动荡，深刻意识到会稽水利存在缺陷——水道东西不贯通，这导致贺循在军事对战中根本无法占据主动权。

贺循，字彦先，会稽郡山阴县（今浙江绍兴）人，孙吴后将军贺齐曾孙、孙吴中书令贺邵之子。

贺循节操高尚，童年时即异于常人，言谈举止必定守礼仪、懂谦让，与纪瞻、闵鸿、顾荣、薛兼等齐名，并称"五俊"。《晋书·贺循传》称其"德量邃茂，才鉴清远"，为政以宽惠著称。他学识渊博，"善属文、博览众书，尤精礼传"，也是晋代著名学者，由他撰写的《会稽记》是绍兴最早的地方志名著之一，另著有《石簣山记》《丧服谱》《丧服要记》及文集二十卷。

贺循原先一直犹豫是否彻底打通水道，以方便山会平原（位于浙江省宁绍地区）水路交通，促进百姓物流和经济发展，这次动荡直接让他下定决心——疏凿一条东西走向的水道！

但古代工具和技术落后，人力不足，疏凿水道绝非易事，需要妥善科学的规划和部署。

贺循十分重视这条水道，他是土生土长的会稽山阴人，对家乡的地理位置本就熟悉，当即亲自带队考察会稽及周边地形。经过反复走访，贺循很快确认了这条水道的最西端——西陵。西陵作为钱塘江边最重要的交通要塞之一，自然是这条水道最合适的西端起始点。

定好西端坐标后，贺循进一步规划水道。水利工程浩大，不同于普通小工程，贺循所做每个决定都必须慎之又慎，对百姓负责。除了反复勘察地形，贺循还广征民意，从灌溉、舟楫、养殖、渔业等多角度，充分了解当地百姓在农业灌溉、经济贸易等方面的需求，再结合军事运输情况，对这条水道进行了详细规划。

在之后数年里，四十多岁的贺循事必躬亲，亲自带领百姓疏凿水道，饶是永兴二年（305）又有叛乱之事，贺循也推脱不受封官，一心留在会稽，完成这项水利工程，而百姓们将贺循亲力亲为的举动看在眼里，更是全力支持配合。

永嘉元年（307），贺循和百姓的努力终于得到回报，西陵运河全线疏凿开通。运河全长九十二里，其中山阴段五十里，永兴（今萧山）段四十二里，这在当时可以说是一个惊人成就。

西陵运河疏凿后，贺循又根据当地实际情况，组织民众修治与西陵运河相连接的其他河道。原先各个没有关联的河道相互流通，水位互为调节，让山会平原最终形成了纵横交织的巨大水网，不仅在鉴湖基础上大大提高了水利功能，而且大幅度改善了会稽郡整体水环境，彻底保障了农田灌溉的需求，以至于对整个浙东交通、物流以及军事等各方面都有明显促进作用。

西陵运河的疏凿，极大地推动了当时经济发展。西陵运河通过郡城东部的都赐（南宋后叫都赐门）进入鉴湖，既可使鉴湖和稽北丘陵间的港埠通航，也可沿鉴湖到达曹娥江边，实际沟通了钱塘江和曹娥江两条河流。后来，西陵运河又东连曹娥江，并越过曹娥江与上虞江、姚江、甬江等连通，直达明州（今宁波）。至此，浙东运河基本形成，鉴湖和西陵运河效益也就充分显现出来，亦所谓"今之会稽，昔之关中"，这让浙东运河成为横贯浙北的一条重要主干水道。

到隋朝，在京杭运河开凿以后，浙东运河又与钱塘江、长江、淮河、黄河、海河相连通，经浙东运河可直上京津诸地。

罗哲文先生曾如此称赞："千古浙东大运河，至今千里泛清波。江南鱼米之乡地，众口同称赖此河。"

2013年5月，浙东运河被纳入第七批全国重点文物保护单位，成为大运河项目的一部分。

唐诗之路

唐天宝十三载（754）。

唐玄宗李隆基在开创开元盛世之后，骄傲自满，宠信李林甫，同时迷恋杨贵妃，朝政之中满是荒唐。而此外更重要的是，东平郡王，平卢、范阳（幽州）和河东三镇节度使，粟特人安禄山蠢蠢欲动，图谋不轨，一场大的灾乱很快就要降临在大唐帝国身上。

大唐帝国的混乱，与五十四岁的李白已经没有多大关系，这位大唐历史上最知名的浪漫主义诗人，受到玄宗皇帝降辇步迎，"以七宝床赐食于前，亲手调羹"的"谪仙人"早已厌倦了朝堂的喧嚣，辞去了翰林供奉的职位。

此时的李白正好在西陵，送别好友魏万归隐故乡王屋山。魏万是李白的"铁粉"，花了几个月的时间徒步走了3000里，就为了见李白一面。古代通信不够发达，魏万总是去晚一步，从王屋山（河南）一路走到了广陵（江苏）才终于追上了李白，为此还写下了一首《金陵酬李翰林谪仙子》。

这份情谊自然受到了李白的好评，他拉着魏万游山玩水，还写下了《送王屋山人魏万还王屋》这首诗。

……
逸兴满吴云，飘飘浙江汜。
挥手杭越间，樟亭望潮还。
涛卷海门石，云横天际山。
白马走素车，雷奔骇心颜。
……
乱流新安口，北指严光濑。
钓台碧云中，邈与苍岭对。
稍稍来吴都，裴回上姑苏。
烟绵横九疑，漭荡见五湖。
……

李白是诗仙，这首诗与他喝醉酒写下的《望庐山瀑布》《蜀道难》《将进酒》这些佳作没法比。但是全诗清晰地勾画出和魏万在看完钱塘江大潮后，从西陵乘舟往东，又折向南而行的一路游历、经历。

樟亭、海门、若耶溪、剡溪、曹娥碑、四明、国清、灵溪、华顶、石梁……《送王屋山人魏万还王屋》中提及不少关键的地理词汇，勾勒出唐人在浙江的游历之路：从杭州横渡钱塘江，至西陵，入浙东运河到越州；游览若耶溪、镜湖，经曹娥江，到剡中，登天台山；游历赤城、华顶、石梁、国清寺，入始丰溪，至临海；转入灵江，往黄岩，历温峤，到永嘉，访孤屿；上溯瓯江，至青田石门；再上溯好溪，游缙云鼎湖；由梅花桥翻山，入双溪，下武义江，到金华；上八咏楼，入兰溪江，至新安江口；转入富春江，诣严光濑；顺流而下，入钱塘江，从杭州前往吴都。

通过这首诗，我们可以看出一千多年前，这条由李白描绘出来的古道，是一条圆形的线路。这条道路还迎接过杜甫、白居易、元稹、贺知章、孟浩然、孟郊、刘禹锡、温庭筠、陆羽等数百位飘逸潇洒的唐代诗人，随着他们的游踪，一首首经典诗作流传下来，铺就了一条灿若星辰的"浙东唐诗之路"，这是继丝绸之路、茶马古道后的又一条文化古道。

按照《全唐诗》所载，大概有三百多位颇有名望的唐代诗人，在这条"浙东唐诗之路"上，写下了一千余首佳作，这绝对是个不可思议的数字。而这首《送王屋山人魏万还王屋》，也被誉为"浙东唐诗之路"上的诗作神品。

2018年1月，浙江省"两会"政府工作报告中指出，要打造"浙东唐诗之路"和"钱塘江唐诗之路"。2019年1月，《浙江省诗路文化带发展规划》（征求意见稿修订稿）中进一步明确，推动钱塘江诗路文化带建设，以235公里长的钱塘江（杭州段）为主轴，以积淀千年的钱塘江诗路文化为纽带，打造一条充满诗情画意、彰显吴越风情的钱塘江流域文化旅游长廊。

如今的西兴，保留着一条历史悠久的老街，还能让人回顾千年前的这场唐诗盛宴。

西兴过塘行

中央电视台《话说运河》节目播放浙东运河画面，开头就是西兴运河的镜头，并说道："大量资料表明，古时西兴是一个濒临钱塘江的繁华商埠。富饶的宁绍平原上的稻米、食盐和其他物产，都是通过这条运河，在西兴过渡口进入钱塘江直达京都。来自日本、高丽、中东和东南亚诸国的使臣，从宁波上岸，改乘内河船只，也是从这里入钱塘江去晋谒大宋皇帝的。"

浙东运河又名杭甬运河，是浙江省境内的一条运河，西起杭州市滨江区西兴街道，跨曹娥江，经过绍兴市，东至宁波市甬江入海口，全长239公里。

2008年11月，作为京杭大运河的延伸段、大运河与海上丝绸之路连通的通道，浙东运河被列入中国大运河申遗项目，申报世界文化遗产。

总之，历史上，西兴以邮驿、"浙东运河之头"而著称，是南来北往的一个中转码头，商贾云集，市民络绎，市容繁华，具有悠久的历史和深厚的文化底蕴。

"过塘行是萧绍运河上的一种特有行业，因运河一些地段有塘坝内外之分，塘内为内河，塘外通外海，塘内货物转驳要过塘坝，所以有了过塘行这一名称。过塘行始于何时已无从查考……"

这是邱志荣先生在《浙东运河史》中对过塘行的描述。据杭州出版社《钱塘江风俗》一书，"西兴过塘行最迟至明代就已出现"，并引新版《萧山县志》："萧山在明万历间（1573—1620）即有过塘行，清末民初，过塘行陆续增多。"

过塘行又称转运行，主要是起票据交换、货物中转的作用，相当于现代的"中转站"。过塘行有过客人和过货物之分，商人、脚夫、官宦家眷及烟茶、木、布等百杂货，均从此处中转通达东西南北。过塘行多有自己的主顾，转运货物各有侧重。

西兴过塘行码头

过人的过塘行大概始于同治年间。《西兴历史故事》载："清同治二年（1863）太平军退去后，西兴人俞谓东在杭州某钱庄供职，与官商胡雪岩有旧交。胡雪岩授意他回西兴经营民办的接待过往官吏的业务，他开张了俞天德过塘行。"后乡里纷纷仿效。

《西兴镇志》载，自清末至民国时期，这里有过塘行72爿半，从业人员（挑夫、船夫、轿夫、牛车夫）达千人，是西兴的一大支柱产业。其中72家过塘行是一年四季都营业的，而有家过塘行由于只是过鳝鱼等季节性的货品，并不是全年营业，所以被大家戏称为"半家"过塘行。

在西兴，金家的协亨祥过塘行是规模最大、开办时间较早的。据金家传人回忆：协亨祥过塘行创办于清代，过布匹、火柴、烟叶、杂货等，抗战前有几百间货库，东起仓弄口，西与来锦标过塘行相接，南至运河边，北到北海塘，占半个西兴街，过往货物、客商，昼夜不绝，生意兴隆。

现存西兴"过塘行"老屋，多为二层砖木房屋，或临河而居，或沿街而建，清一色的小青瓦、马头墙、门斗、天井、格扇门，大多两三开间门面，为传统院落式民居建筑，院落主入口是中式石库墙门，上饰威猛或有吉祥寓意的门环。

此类老屋大多设于交通要道之水陆码头，多半还带有饮食功能，厨房内所设置的灶台远超家用；因属木结构建筑，出于防火考虑，以及日常用水不仅仅是居家所用，多设内外水缸；临水墙面，设有小门，货船过来，停靠在小门处，伙计或挑夫们下来，把货物先搬到房子里，利于船载货物转运之便。

这种依水而建，"前店后坊"式的院落结构，方便过塘行从事货物转驳的日常生意，有时亦代货主买卖货物、垫运费、收取佣金回扣，因而兼有牙行性质。

由于过塘行和商贸的繁荣，西兴的酒店、饭店、小吃店、茶店也比较多，西兴茶店就多达32家。在运河的两岸还有一排排的"美人靠"，很多负责搬运的工人就倚着这些"美人靠"等待船只的到来。

过塘行的产生、发展、繁荣、衰退，见证了千百年来浙东运河的时代舟舸驮负的历史责任，它代表着灿烂辉煌的浙东文明。西兴过塘行码头是大运河杭州段的六处遗产点之一，既是终点又是起点，而在今天，它似乎正在重新演绎自己的历史使命。

无论时代如何变迁，西兴过塘行都与大运河同兴衰，无论记忆怎样沉浮，它都是大运河历史上不可抹去的一篇璀璨华章。

参考文献

1.〔汉〕袁康：《越绝书》，上海古籍出版社，1985年。

2.〔唐〕房玄龄等：《晋书》，中华书局，1974年。

3.杨士龙等：《萧山县志稿》，民国二十四年（1935）。

4.萧山县志编纂委员会：《萧山县志》，浙江人民出版社，1987年。

5.杭州市西兴镇人民政府编：《西兴镇志》（内部

交流），2000 年。

6.来小钦编撰：《杭州滨江区历史文化丛书·古镇图说》，西泠印社出版社，2007 年。

7.李玲芝：《过塘行》，《杭州日报·西湖副刊》2013 年 12 月 22 日。

8.王征宇、梁宝华、许红利：《西兴镇运河史迹考古调查》，《杭州文博》2014 年第 1 期。

新登：底蕴深厚的罗隐故里

新登，古称新城，为杭州市富阳区下辖镇，位于杭州市富阳区西部。境内气候温和，山清水秀，风光旖旎。

三国吴黄武五年（226）分富春部分县地置新城县，为新登建县之始，同年秋又在新城设立郡府，从丹阳、吴、会稽三郡中分出十县，置东安郡，由绥南将军、钱唐（今浙江杭州）侯全琮为东安太守，新筑东安郡城。

新登古城又称"杜稜城"，唐大顺二年（891），钱镠部都将杜稜领兵镇东安时所筑，"东安城（今富阳新登），因山为城，环地为池，城周二千五百七十一步，高二丈三尺，辟有熙春、太平、顺成、宁海四城门，城外又限以城壕"。

新登镇素有"千年古镇、罗隐故里"之称，文化底蕴深厚，现存有古城墙、古城河、联魁塔、古牌坊、罗隐碑林、圣园碑林、湘溪廊桥等珍贵历史文化遗产，古人诗赞"一朵莲花耸碧霄，二水襟带万山朝"。始建于明嘉靖三十五年（1556）的明城，至今仍屹立如山，古城墙、古城河保留完整，堪称"江南少见，省内唯一"。

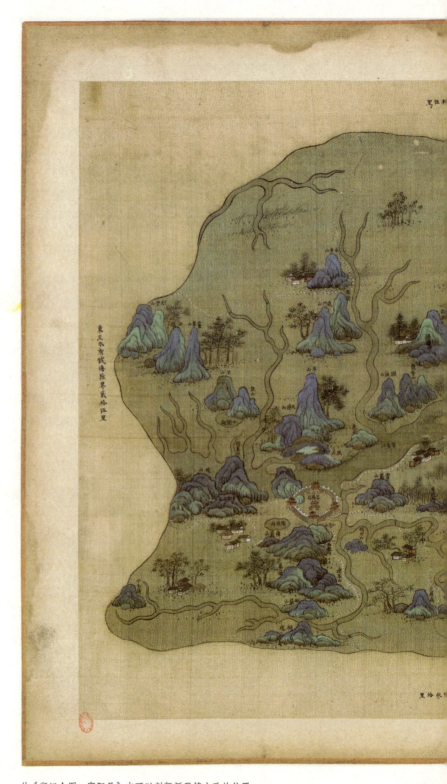

从《浙江全图·富阳县》中可以判断新登镇大致的位置

富陽縣

西至本府新城縣界叁拾里

新登人杰地灵，自古文风鼎盛，以诗文著称于世者代有其人，如唐代集诗人、道学家、台湾澎湖的第一位民间开拓者于一身的历史传奇人物施肩吾，"天下名士之楷模"的罗隐均是新登人，新登是众多历史文化名人的故乡。

睦州状元

唐宪宗元和十五年（820）。

相传在这一年，睦州府发生了一件大事，一名叫施肩吾的士子中了状元，这个是杭州地区的第一位状元，在当时是非常轰动的事情。此事轰动到新城、分水两县为了争夺这个状元的家乡归属，各执一词，绝不相让。

据宋《咸淳临安志》新城县境图，新安乡即今南安乡、原桐岘乡大部分。在明万历《新城县志》的地图中，原桐岘乡地区（如石壁村、上施家村、叶家村等）也在新城县辖区内。

由于出了个状元，分水县将施肩吾家曾居住过的乡，改名为招贤乡，而新城县也将施肩吾居住过的乡改名为招德乡。后来行政区划改动，两乡合并为一乡，它的乡名便是从两个乡名中各取一字，曰：贤德乡。施状元家曾种过田的那个畈，大家也改称施公畈，这些地名至今一直沿用。

施肩吾，字东斋，号栖真子。施氏本姓姬，系周公后裔。周公第四子伯禽被分封到鲁（今山东），称为鲁惠公，其子尾又封爵施伯于吴兴（今浙江省湖州市一带），此乃施姓起源。施肩吾是施氏家族的第四十四代。

施肩吾因家境贫寒，少时在五云山和尚寺读书。山麓曾建有"玉尺楼"，立有石碑，上刻"唐状元施肩吾读书处"；山的东侧有"余韵亭"和"洗砚池"，池中原有施肩吾读书时亲手种的荷花。这荷花的花瓣和荷叶上散布着墨点，相传是施肩吾洗砚时洒上的，俗称墨荷花。

施肩吾于青年时期曾与同乡诗友结成东林诗社。东林，位于新登城西三十五里的广陵中堂畈一带，山峻林茂，景色优美，五代时建有隐居院，后改净严寺，明清时改建中堂寺。

《道光新登县志》有施肩吾《同徐凝游东林》一首："火轮烈烈彩云浮，才到东林便是秋。有客可人来未暮，松风几沸碧山头。"

施肩吾是一个清高的人，而且非常有道德涵养，在高中状元后，很快被挚友白居易荐为洪州刺史李宪幕僚。在任上做了许多有利百姓的事情：如长庆四年（824），为捕蝗赈灾，而擅自开仓，为防响马劫粮，情急之下插杏黄旗，分赴各地赈灾，抢救了一大批即将饿死的灾民，百姓感恩戴德，至今犹有口碑流传。

但这些举措均为朝廷所不允，当时的大唐朝廷腐败，官员拉帮结派，互相残害，并隐隐有军阀割据，事态趋乱的样子，施肩吾不愿再混迹其中，于是写了一首《上礼部侍郎陈情》诗："九重城里无亲识，八百人中独姓施。弱羽飞时攒箭险，蹇驴行处薄冰危。晴天欲照盆难反，贫女如花镜不知。却向从来受恩地，再求青律变寒枝。"

施肩吾未待朝廷正式回复，就跑到江西洪州潜心学道修仙。曾寄书徐凝说："仆虽幸忝成名，自知命薄，遂栖心玄门，养性林壑。"

尔后，施肩吾又返回故里，不过随着政局渐渐失控，黄河流域战祸连连，朝廷苛捐杂税日趋加重，东南地区战乱纷起。在家乡居住不久，施肩吾就率领族人渡海到澎湖定居。离开家乡前夕，他为自己修下了假坟，祈求晚年魂归故里。

"出家江西洪州（今南昌）西山，潜身钻研道经二十年，回新城后，居住在石壁寺。唐文宗太和初年，率族人赴澎湖。于咸通二年（861），卒于澎湖。其后，族人将他和夫人的寿棺，一同送移故乡新城县贤德罗梦山（今花家山）安葬。"

1981年出版的《台湾省地图册》记载："唐朝以来，东南沿海，为了躲避战乱，出现了人们移居台湾、澎湖的现象。唐进士施肩吾，曾率族人到台湾定居。"

1995年出版的《台湾史话》里说："大陆人民纷纷地、集体地到台湾去劳动开发，最早见于历史文献的是施肩吾率领族人移居澎湖的故事。"

《全唐诗》和《续修台湾府志》中，都载了他写的《岛夷行》诗。

《岛夷行》写道："腥臊海边多鬼市，岛夷居处无乡里。黑皮年少学采珠，手把生犀照咸水。"这是当时澎湖渔民生活的真实写照。

施肩吾是中国历史上继三国吴主孙权遣将军卫温、诸葛直率军到台湾及隋炀帝三次派人往台湾之后，民间率领族人前往定居开发的第一人。

施肩吾与当地先民友善相处，澎湖的名声也显著起来。这也证明了台湾自古以来都是祖国的神圣领土。

罗隐故里

唐文宗太和七年（833）正月二十三日。

杭州新城（今杭州市富阳区新登镇）钦贤罗家多了一个男丁。罗家并非显赫之家，先祖罗知微，也就当了福唐县令，父亲罗修古，倒是参与了《大唐开元礼》的编撰，也算是一个文人。

男丁的诞生总是带来欣喜，所以按照典故，罗修古给这个孩子取了一个叫"横"的名字，《礼记·乐记》："号以立横，横以立武。"意思是号令可以使人气势勃发，气势可以激起人的勇气。

这也算是代表了父亲的一种期望。

罗横小时候便在乡里以才学出名。他的诗和文章都为世人所推崇，与另外两个同族才子台州人罗虬、有"诗虎"之称的余杭人罗邺合称为"三罗"。

不过罗家的仕途之运都不好：罗虬累举不第，广明之乱后，去从鄜州李孝恭；罗邺在唐咸通中，屡下第，有《下第》句云"故乡依旧空归去，帝里如同不到来"，不得志，踉跄北征，赴职单于牙帐。

最惨的就是罗横，最开始罗横和许多人一样也想借助科举考试踏入仕途，一展宏志。大中十二年（858）由江西南康取解，途经江陵拜见宰相白敏中，时为严冬。大中十三年（859）初开始应进士试，落第后北游同州、夏州等地。

自此罗横连考了七年都榜上无名，后来又断断续续考了几年，总共考了十多次，因其恃才傲物，所为诗文每多讥讽，触怒权贵，最终还是铩羽而归，自称"十二三年就试期"，史称"十上不第"，并因此改名隐，另外给自己取了一个字"昭谏"。

昭是光明、明显的意思，谏引申义是在帝王做出错误选择时直言规劝，古代男人的字多半以表其德，这个意义表达得已经非常明显。

光启三年（887），因邺王罗绍威荐举，罗隐东归钱塘进谒钱镠，惧不见纳，乃呈诗稿一卷，以旧作《夏口》诗标于卷首，中有"一个祢衡容不得，思量黄祖漫英雄"之句。

这里引的典故是当年祢衡被弄到黄祖身边后，很快便与黄祖的儿子黄射成为挚友。一天他们在沙洲上打猎饮酒，有人献上一只鹦鹉。祢衡揽笔而作写成了《鹦鹉赋》，以鹦鹉自比，淋漓尽致地抒发遭遇坎坷不平的真情实感。

钱镠览诗会意，不觉大笑，遂待罗隐为上宾，授钱塘县令，拜秘书著作郎。

唐天祐四年（907），朱温篡唐，唐亡。罗隐曾劝说钱镠举兵讨梁，未能用，罗隐约在此后正式受箓入道，再也不问仕事。

罗隐仕途不彰，却工诗能文，誉满江左。一生怀才不遇，同情劳苦大众，后世江南一带盛传"罗衣秀才"出语成谶故事。

罗隐一生追求供天下人使用的"太平匡济术"，其思想主要体现在《两同书》和《逸书》中。

《两同书》全书共十篇，分贵贱、强弱、损益、理乱等十个问题，从不同侧面对"致太平"之"本"和"术"进行了讨论。在论述修身治世的过程中，往往切中社会的弊病，丰富了中国的社会政治思想，且在中国哲学史上占有重要地位。

《逸书》是罗隐以儒家理想的社会形态来衡量现实，痛斥现实背离儒家之道太远的一部杂文小品集，收在《逸书》里的讽刺小品都是他的"愤懑不平之言，不遇于当世而无所以泄其怒之所作"（方回《逸书》跋）。罗隐自己也认为是"所以警当世而戒将来"（《逸书》重序）的。

如《英雄之言》，通过刘邦、项羽的两句所谓"英雄之言"，深刻地揭露了那些以救民涂炭的"英雄"自命的帝王的强盗本质，最后更向最高统治者提出了警告

罗隐碑林

（"意彼未必无退逊之心、正廉之节，盖以视其靡曼骄崇，然后生其谋耳"），类似这样的光辉思想在罗隐的杂文中是不时流露的。

《说天鸡》《汉武山呼》《三闾大夫意》《叙二狂生》《梅先生碑》等篇，也都是嬉笑怒骂，涉笔成趣，显示了他对现实的强烈批判精神和杰出的讽刺艺术才能。

对此鲁迅有着高度评价，他在《小品文的危机》中说："唐末诗风衰落，而小品放了光辉。但罗隐的《谗书》，几乎全部是抗争和愤激之谈；皮日休和陆龟蒙自以为隐士，别人也称之为隐士，而看他们在《皮子文薮》和《笠泽丛书》中的小品文，并没有忘记天下，正是一塌糊涂的泥塘里的光彩和锋芒。"

毛泽东主席故居丰泽园的藏书中，有罗隐的两本著作《罗昭谏集》和《甲乙集》，毛主席对其中许多首诗都有浓圈密点，粗略统计约有九十一首。

至今，双江村罗隐故里内尚存昭谏手植古桂、鸡鸣山殿（钦贤罗家鸡鸣山罗隐读书处）等遗迹。

在新登镇贤明山北麓，建有古典特色的建筑馆房，迎面是艺术大师刘海粟题写的"罗隐碑林"的石匾，内有罗隐的石刻雕像和著名书法家沈鹏题写的碑刻诗文 20 余块。碑林东侧有六角"昭谏亭"，碑林附近有古刹遗址、石碑、石窟等。

杜稜建城

唐昭宗大顺二年（891）秋。

大顺二年的大唐与"顺"这个字，一点也无关联，宰相张浚、孔纬力主讨伐河东节度使、沙陀人李克用，及兵败，正月九日，诏削二人宰相职，贬孔纬为荆南节度使，张浚为鄂岳观察使。

这个事件本身已经代表着大唐中枢权力进一步涣散，而军阀节度使的权力越发膨胀。

而在南方，两浙制置使董昌叛立为王，钱镠率八都之军讨之，董昌乞救于淮南节度使杨行密，杨命大将田頵、安仁义犯浙。钱镠属下八都的战乱情景是："紫溪窜堡火口，建宁不守、静江无将。"钱镠急令杜稜建东安城（今富阳新登）全力镇守，以坚固杭州侧翼，保全临安府。

杜稜，字腾云，新登人。唐朝末年，黄巢起义波及两浙，杭州练诸县乡兵自保，杜稜领武安营为东安都将，从那时开始就跟随钱镠，可谓忠心耿耿。

杜稜受命后，立即在新城勘察松葛盆地地形，其实当时新登有一座古城，在县东南三百步，相传为唐徐敬业起兵时筑。

晚唐诗人方干的七律《登新城县楼赠蔡明府》云："杨震东来是宦游，政成登此自消忧。草中白道穿村去，树里清溪照郭流。纵目四山宜永日，开襟五月似高秋。不知县籍添新户，但见川原桑柘稠。"

杜稜修筑新城，就将城隍山、秀山、黄山等高丘平整以扩大城区，挖土填壑。为扩展视野，新城外围的建筑全部夷为平地。

东安城于唐昭宗大顺二年（891）秋七月动工，次年夏四月竣工，历时约十个月。整座城池因山筑城，城墙用长条石砌成，高五米。

据《咸淳临安志》记载，县因山为城，周二千五百七十一步，高二丈三尺，杜太师筑，罗隐撰记。

当时的东安城，比今存的新登古城城郭要大一倍多，圈住了诸多制高点，计有九处之多，名曰鹁鸽（凤凰）、孤浦、假山（秀山）、一峰、冬青、杜墓、多福（黄山）、沧泉、宝珠，城内地势高下不等。除县衙和多福寺外，均为农居，兼有田土。清邑人方可权有诗曰"九凸炊烟有短长"，即是指此。

三年后的唐昭宗乾宁二年（895），董昌在越州（治今浙江绍兴）称帝，建立大越罗平国，并伙同杨行密攻打新登。

杜稜率东安军据城固守抵御淮南军所部，战斗异常艰苦。

杜稜有个儿子叫杜建徽，字延光，青年时期，随东安军从父征伐。每战，皆单衣入阵，所向披靡，军中谓之"虎子"。他在战斗中被流矢射穿左肩，犹自挥军力战。这个事杜建徽后来还写了一首诗，叫《自叙》："中剑斫耳缺，被箭射胛过。为将须有胆，有胆即无贾。"

可见当时战况是何等惨烈！

依托杜氏父子的浴血奋战，此战凭高制胜，毙敌盈千，被称为东安大捷。罗隐在《东安镇新筑罗城记》中记载："奔我而活者，四镇之生聚焉。""是知人非城则无以为捍，城非人则无以自固。不有城也，人何以安？不有将也，城何以坚？"

杜建徽后来的成就比他老爹厉害，天复二年（902），武勇都左右指挥使徐绾、许再思趁钱镠出巡衣锦军，起兵叛乱，武安都将杜建徽自新城驰援杭州，大挫叛军士气。当时曾有人劝钱镠放弃杭州，渡江退守越州。杜建徽按剑而起，厉声呵斥道："事若不济，大不了同死于此，岂能弃城东渡！"

可见其刚勇，也难怪钱镠每朝会，必指杜建徽曰："此杜丞相，今日忝有一方，多其力也。"

杜建徽在钱镠死后，又历仕钱元瓘、钱弘佐、钱弘倧、钱弘俶四位吴越王，累官至国子祭酒、泾源昭化诸军节度使、丞相兼中书令，封郧国公。他在世之时，子弟孙侄多联姻公室（即钱氏一族），高官显贵更是充溢门庭，被誉为"有国以来，莫比其盛"。

杜氏父子在家乡新登的传说和遗迹甚多。新登镇观音弄有杜公祠（现为新登镇小分部），20 世纪 30 年代尚有杜氏父子塑像，壁间留有前人赞诗："押衙生小署山中，人阵群夸虎子雄。曾与文章分秀气，岂徒乡里说元戎。累书果尔邀天鉴，一剑居然拜父风。退保会稽梁未讨，丰碑谁表四王忠。"另有杜公井、杜墓山、太师坞等，莫不与杜氏父子有关。

如今新登人刚正不阿、勇于突破的精神就与这城、这些人紧密地联系在一起。

明本禅师

元世祖中统四年（1263）。

元世祖忽必烈扩建开平府（今内蒙古正蓝旗），诏改为"上都"，设总管府。元上都是元朝的夏都，早在1256年，在忽必烈的授意下，内蒙古和河北交界处就开始建设一座城池。三年后城郭建成，命名为开平。1260年三月，忽必烈在这里登上蒙古大汗之位。

忽必烈的登基，标志着一个新时代来临。此前几位蒙古大汗，以和林为中心规划帝国版图，中原汉地只是蒙古帝国的边疆省份。忽必烈称汗后，这种格局颠倒过来，中原成为蒙古政权统治的核心地带，这不可避免地使蒙古政权的性质发生改变。

而这一年，在钱塘新城（今杭州市富阳区新登镇），一户孙姓普通家庭诞生了一名幼子，取名明本。此时为南宋景定四年（1263），这一年的最大事件，莫过于公田法的推行。

公田法的推动者，是被后世评价为南宋末年最大奸臣的贾似道。一个大奸臣，干吗要吃力不讨好地变法呢？主要因为南宋遇上了非常严重的经济危机，这个经济危机的本质是过于庞大的政府支出和随之而来的货币贬值。而公田法的推动，从理论上来讲"一事行而五利兴矣"。

很不幸，任何一个看上去美好的主意，在执行过程中如果出现偏差，就容易成为一个馊主意，而公田法恰恰成为推动南宋崩溃的最后一根稻草，为十几年后南宋的全面溃败埋下了致命的种子。

南宋少帝（赵昺）祥兴二年（1279）二月初六，南宋彻底灭亡，而孙姓幼子也渐渐长大成人，与常人不同，明本从小喜欢佛事，稍通文墨就诵经不止，常伴灯诵到深夜。或许是身处激烈变化的时代中，明本并没有和一般同龄人一样追求仕途，而是在二十四岁赴天目山，受道于禅宗寺，白天劳作，夜晚孜孜不倦诵经学道，成了一名禅师。

明本的老师高峰原妙禅师，是一位通古今之变的高僧，他首革宋代禅宗积弊，不住寺庙而隐居山林。

禅宗发展到宋代，由于朝廷和士大夫的尊信，禅文化得以全面繁荣。而这种繁荣，恰恰又使禅宗陷入了矛盾和困境之中——这与"不立文字，顿悟成佛"的禅宗本质难以相容。

原妙禅师行头陀之行，在西天目山狮子岩筑"死关"独居，十七年足不出户，一扫宋代禅宗的富贵和文弱之气，令天下丛林耳目一新。而明本禅师是原妙禅师门下最杰出的弟子，在近三十年的岁月中，流离无定。他常常以船为居，往来于长江上下和黄河两岸，抑或筑庵而居，以"幻住庵"为名，聚众说法。

明本禅师毕生以清苦自持，行如头陀，在禅法的传授上，中峰明本禅师认为，"行之力则到必远，学之苦则悟必深"，"今日之所易，即昔日之所难；今日之所难，即后日之所易也"。

明本禅师在世间文学和书法上都有非常高的造诣，可以说是当时很多王公贵族、名流士大夫非常推崇的精神领袖。其中大书法家赵孟頫就跟明本禅师有着亦师亦友的深厚法缘，他们之间常有书信来往，以探讨佛法，交流心得。

明本禅师还给赵孟頫写了一篇《勉学赋》，《赋》中说：古人是通过学才学艺才达到这种道的境界，就是所谓的禅茶一味；而今人空负学道的盛名，但是实际上就流于才艺，舍本逐末了，没有真正的禅的悟境。

明本禅师可以说是用自己清澈的禅悟，乃至出尘的文字和高洁的风骨，折服了整个元朝。元仁宗为太子时，就尊明本禅师为"法慧禅师"，即位后，又赠明本禅师为"佛慈圆照广慧禅师"，还赐金襕袈裟；元英宗时，又赐金襕僧伽黎衣；明本禅师圆寂后，元文宗又追谥其为"智觉禅师"，塔号"法云"；到了元顺帝初年，更册封中峰明本禅师为"普应国师"，并敕令将其三十卷的语录

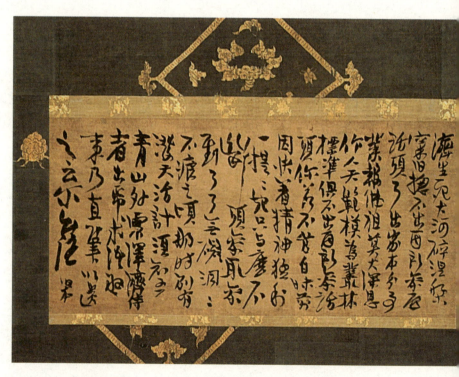

中峰明本墨迹

与文集收入佛教《大藏经》中。

在这样的影响下，原来只有藏传佛教的蒙古和南传佛教的云南，竟然也有了禅宗的流布，之后禅宗影响更是遍及海外，朝鲜、日本、越南等国的众多僧人均前来参学。朝鲜国王、元帝驸马王璋亲自归拜于明本禅师门下，对日本足利时代也有着相当的影响。

明本禅师有语录、诗文若干，大部分被收入在《天目中峰和尚广录》三十卷和《天目明本禅师杂录》三卷之中，为明清习禅之人所必读；他的诗偈，也多达千余首，特别是他那一百零八首怀净土诗和一百首梅花诗，不论对禅宗还是净土宗，都是独特和绝佳的文献。

对照当下，新登人明本禅师真正实现了宗教团结进步、服务社会、和谐包容的优良传统。

参考文献

1.〔唐〕李延寿：《南史》，中华书局，2016 年。

2.〔宋〕薛居正等：《旧五代史》，中华书局，1976 年。

3.〔清〕董诰等：《全唐文》，中华书局，2013 年。

4. 徐士瀛：《新登县志》，民国十一年（1922）铅印本。

5. 释印旭主编：《元代高僧中峰明本禅师》，宗教文化出版社，2010 年。

瓜沥：省门第一的七彩小镇

瓜沥隶属于杭州市萧山区，位于杭州东南、钱塘江南岸、萧山东片、萧绍相邻区域。东南接绍兴市柯桥区，西连萧山区新街街道和衙前镇，北靠靖江街道、南阳街道和党湾镇，西北距杭州城区 25 公里。以航坞山为界，北为钱塘江泥沙淤积而成的沙土平原，南为河湖密布的水网平原，属萧山水面最多的镇街之一。

"瓜沥"之名由来已久，至今已有一千多年的历史。明嘉靖《萧山县志》记载："宋太宗太平兴国三年（978），吴越国除镇东军，仍为越州，县隶焉。领乡十五，里一百十，有白鹤、大义、新甸、瓜沥、章浦……"《湘湖水利志》记载："瓜沥湖原系萧山六湖二堰之一。"《湘湖水利志》系萧山著名学者毛奇龄著，据毛奇龄文，早在南北朝时已有瓜沥湖之名。

瓜沥倚钱塘江海塘而建集市，古时称瓜沥为"瓜沥里"，区域内布满湖泊，池塘星罗棋布。瓜沥集市以西为航坞山，因为山与海的地理特点，航坞山为天然避风、避潮良港，所以瓜沥由湖逐渐演变为江南一处繁华之地。千百年来人们在瓜沥依塘兴市，倚塘而居，以塘为街，因塘成镇。

瓜沥水系

　　瓜沥作为"省门第一镇"，是清代著名绍兴师爷汪辉祖、海派画家任伯年等名人的故里，是塘头文化、水乡文化、沙地文化三大文化的交汇之地。镇内拥有白龙寺、地藏寺、十里长街、南大房等历史人文资源，拥有"航坞听梵""地藏祭星"等萧山名胜景点。

航坞禅寺

　　北宋熙宁年间（1068—1077）。

　　龙光法师云游到瓜沥，在航坞山停下了脚步。

　　航坞山，方圆 10 余公里，有近百个山峰连绵起伏，主峰海拔 299 米。整个山势拔地而起，秃石嶙峋，斜坡陡壁，周围都是平原，远看宛如一座天然灯塔。熙宁年间的钱塘江江水还是从山下流过，于赭山之间入海，俗称"海门"，江上往来的船只也以此作为航标来确定方位。

《越绝书》载："杭坞者，勾践杭也。"在古汉语中，"杭"是"航"的通假字。《越绝书》又载"勾践三百石长于兹山，负卒而渡"，故航坞山因越王勾践渡江而得名。海拔虽不算高，却是越中名山。据说又因越王勾践驻足于此而称王步山，航坞山因此被誉为"周代名山"。

正是这座"周代名山"让龙光法师深深沉迷。龙光是僧人，一生追求出三界，自度度人，以证悟无上菩提。而修行最重环境，若是在繁杂之处，往往也会心生烦恼，容易被外境惑动或干扰，情绪亦难稳定。

而这航坞山正好符合龙光法师理想中的道场之选，甚至在他的眼里，航坞山山形有若白龙，颇为神妙。

因此龙光法师下定主意，结庐航坞山巅清净之处，以此地作为修行道场。说来也奇怪，这航坞山山巅有一汪潭水，旱涝不枯不溢，而潭水不远处有一"龙湫"（又称白龙井、隐泉），活水清冽，常年不干，堪称一奇。

水喻菩萨十种善法，谓菩萨常行平等之慈，以禅定之水浸渍一切有情烦恼根种，悉令败坏，无复续生，这更加符合龙光法师的心意。

现存白龙寺内庙碑《白龙寺重建碑记》里清晰记载："在大宋熙宁间，龙光法师云游此山，见岭上有白龙呈现，遂结茅其上，募创寺宇，供奉观音大士以及白龙像，因此白龙寺名焉。"

白龙寺在南宋绍兴三年（1133）正式建成，《乾隆绍兴府志》里记载，白龙寺位于航坞山之巅。绍兴三年建寺，内有白龙井，常年不涸，故名白龙寺，吴越钱武肃王曾屯兵于此。明嘉靖三十二年（1553），总兵汤克宽、

白龙禅寺

胡宗宪等在此山大破倭寇。

白龙寺于南宋嘉定初年重建，曾为进士沈北海隐居之所，后改设禅院，清道光年间再次重修，民国二十年至三十年（1931—1941）先后整修大殿，至今保存的有前、中、后三殿。

今日前往白龙寺，沿着总台阶为1886阶的石板小道自山下逶迤而上，中途有路亭两个，头路亭两间，二路亭一间，供上山之人中途休息。走完两个路亭之后，地势平坦，密林奇松迭现。寺前，有一片竹林，过了竹林，白龙寺便在眼前。

元代诗人萨都刺有《航坞山》诗曰："拂衣登绝顶，石磴渍苔纹。鸟道悬青壁，龙池浸白云。树深猿抱子，花暖鹿成群。更爱禅房宿，泉声彻夜闻。"从侧面描写了登山的美景。

白龙寺大殿石柱有楹联一副，为清沈成烈所书，曰："华雨注龙湫，只在此山，便成香海；昙云来鹫岭，试看兹坞，即是慈航。"正门口上本应悬有沈成烈书"白龙禅寺"匾一块，现已毁佚。

沈成烈是瓜沥人，字尹言，号啸梅，清同治八年（1869）赐进士出身，是长巷沈氏的代表性人物，《白龙寺重建碑记》就是他写的，落款为"赐进士出身、兵部车驾司主事加四品衔、军机处行走、前翰林院庶吉士加三级沈成烈纪并书"。

北宋熙宁六年（1073），无能大师也觅居到此，他选择了航坞山西南麓，一个三面环山风景佳秀的山坞里。此处树木葱郁，正面一望无际，直视钱塘江，风景秀丽。无能大师结草为庵，独来独往苦修三年。

明朝初年，有天台圆通大和尚及法徒寂照，来此建茅庵供奉地藏王菩萨，茅庵取名为地藏庵。清乾隆五年（1740）七月三十日，有天台方光寺法本、法忠二位高僧寻觅到此，当年改为地藏寺，为正宗第二十二世、二十三世，现有石碑存记。

地藏寺历来香火旺盛，闻名遐迩。农历七月初六至初七，信教群众以及年轻姑娘聚会地藏寺，焚香设案，遥祭织女星，祈求像织女般心灵手巧。"祭星乞巧"就是源于航坞山地藏寺的传统节日，已被列为省级民间传统节日。

白龙寺的"航坞听梵"与地藏寺的"地藏祭星"如今同列萧山十景，佛教虽无惊世之句，却有包罗万象的人生哲理，教人旷达行善，达到忘我境界。这种心灵的安定和净化，帮助瓜沥人更好地追求人心归聚、精神相依。

云英女杰

明天启四年（1624）。

正月的时候，杭州有诸生家张灯，不慎火起，延烧房屋，九营兵卒乘乱而起。当时还闹了一个笑话，营头杨把总，约束营兵勿予乱，被各兵捆绑还营，悬之高竿，欲以弓箭射之，两游击好言抚慰乃定，后来杨把总被革职。

此事到了萧山，还是被一众武官传为笑谈，不过却让回家省亲的沈至绪忧心忡忡。

沈至绪是萧山昭东瓜沥长巷人，武进士出身，长巷沈氏于北宋景祐元年（1034）从江苏苏州吴县迁居萧山，始祖公持公沈衡以进士起家，历官兵部，职方司郎中。繁衍到此时，已经是古越之望族，簪缨世家。

名门望族多半与朝廷荣辱与共，杭州兵变的事情已经让沈至绪感受到明廷虚弱，但是此时的他除了忧心其实也没有其他事可做，唯一让他高兴的是，他的嫡女出生了。

可能有感于朝廷时政，沈至绪为这个嫡女取了一个颇有寓意的名字"云英"，典故来自唐裴铏《传奇·裴航》，传说裴航过蓝桥驿，以玉杵臼为聘礼，娶云英为妻，后夫妇俱入玉峰成仙。

北宋苏轼《南歌子·寓意》词："蓝桥何处觅云英？只有多情流水、伴人行。"讲的就是此事。

作为父亲，沈至绪还是寄托了美好的愿望。

沈云英就是这么在父亲的期待中长大，作为沈至绪的独女，从小就表现出与一般女孩子的不同，她酷爱习武，擅长骑马射击，潜心阅读各类书籍，强于记忆，饱读经史，对"湖湘学派"开创者、两宋之际著名的儒家学者和经学家文定公胡安国的《春秋传》颇有研究。

《春秋传》作于宋室南渡之际，完成并表进于南渡之后，胡安国感于时事，往往借《春秋》寓意，进而托讽时事。胡氏著书之目的就在于"尊君父，讨乱贼，辟邪说，正人心，用夏变夷，大法略具"。

而这个与沈云英所处的时代又恰恰契合，天启年间，明廷衰败，土地高度集中情况更是达到了空前严重程度。一般地主豪绅通过巧取豪夺，"求田问舍而无所底止"。

明熹宗下令赐桂、惠二王田时，各州县已无田可拨，于是勒令各地人民分摊银租，叫作"无地之租"，这种情况是前所未有的，以致"民不堪命，怨声四起"。

在这个情况下，全国性的水旱灾荒又连年不断，从万历到崇祯的七十余年间，灾年占了六十三年，其中较大的水灾二十六次，旱灾二十一次，蝗灾十一次，由灾荒而引起的饥荒三十六次，大瘟疫的受灾地区遍及全国，甚至不断出现"人相食"的惨事。

内乱、外患、地方势力割据、庞大的文官集团把持朝政，大明可以说已经到了风雨飘摇的地步。

明崇祯十六年（1643），沈至绪任湖南道州守备，沈云英侍父左右。时值张献忠起义，义军兵临城下，两军相争阵前，沈至绪领兵守卫，先杀退敌兵。但沈至绪忽视了"穷寇莫追"的道理，追至麻滩驿，中了伏兵，以致重伤而死。

沈云英时年二十岁，她听闻父亲死讯时，并没有恐慌失措，而是登上高处大声呼说："我虽然是一个小女子，为完成父亲守城的遗志，我要决一死战，希望全体军民保卫家乡。"然后飞身提枪上马，率领十余骑杀向敌营，张献忠措手不及大败而逃，云英乘机斩杀三十余人，杀入大营，抢回其父遗体。

沈云英找到父亲尸体后，大声痛哭，满城军民皆一身缟素，参加葬礼。这种忠孝举动连湖南巡抚王聚奎也大为动容，他将此事上奏朝廷，为其请功，朝廷发诏降敕，赠沈至绪昭武将军，建祠麻滩驿，加封沈云英为游击将军，明令坐父营，率父旧部守卫道州。

明亡后，沈云英回乡在长巷家祠内办起了私塾，她亲自讲学，训练族中子女，习武学文，激励后人爱国，培养有用之人。清顺治十七年（1660）秋，沈云英忧郁而卒，乡民八方举哀，后葬于今衙前境内水搬山上（瓜沥镇长巷村属地）。

这个事情被京剧名家程砚秋先生搬上京剧舞台，并亲自担任《沈云英》的主演，该剧广为流传。故里长巷的"云英将军讲学处""将军讲学处"石匾至今还留存于萧山长巷村沈氏宗祠内。沈云英巾帼女子，英勇杀敌与花木兰无异，因而昭东在明代到民国时被称为"云英乡"，以示纪念云英将军。

秋瑾女士为了推崇她和另外一位巾帼英雄秦良玉，写下了一首诗："古今争传女状头，谁说红颜不封侯。马家妇共沈家女，曾有威名振九州。"

一代名幕

清乾隆二十三年（1758）。

两江总督尹继善特别命令，从常州幕府调一个叫汪辉祖的幕僚到两江总督府督办一件特别案件。

汪辉祖，字焕曾，萧山瓜沥人，清雍正九年（1731）出生，时年二十八岁，可谓年轻。汪家本以务农经商为业，后因家道中落，只能靠借贷维持生计。汪辉祖十几岁的时候，就开始跟人学做幕僚，后来慢慢做到刑名师爷。

明、清以八股科举取士，官员在司法审判和钱粮赋税方面的才能并不均衡，聘任师爷就成为当时官场的一种趋势。

案件其实并不复杂，东南沿海各省发现了很多私铸钱，还另用年号——"宽永通宝"，这无异于谋反。乾隆皇帝谕令江、浙、闽各总督、巡抚穷治开炉造卖之人，这事让江浙一带鸡飞狗跳，却没有找到私铸的工坊。

此事让两江总督很是头疼，无奈之下，尹继善想到了汪辉祖，寄希望于这个学识广博、以善断疑案著称的幕僚能够解决这个问题。

汪辉祖见多识广，一见该私铸钱就知道了来历。清朝词人、学者、藏书家朱彝尊的文集内有《吾妻镜》一文，其中有"宽永三年序"的文字，这"宽永三年"就是日本的纪年。

从这个线索出发，汪辉祖立刻查知日本于"宽永"二年（1625）开始铸造"宽永通宝"铜钱。乾隆年间，许多日本人到东部和东南部沿海地区经商，他们在商业活动中都使用"宽永通宝"这种日本钱币进行交易。时间一长，当地人开始大量使用这种日本钱币。后来，还出现了一种更为严重的情况，有些日本不法商人见日本钱币在沿海地区流行甚广，就开始私铸这种名为"宽永通宝"的日本钱币并大肆买卖，此种做法严重干扰了沿海地区的市场秩序，使得清廷在沿海地区的各项收入锐减。

知晓原委后，两江总督尹继善、江苏巡抚庄有恭向乾隆皇帝上奏道："此种钱文（指"宽永通宝"），乃东洋倭人所铸，由商船带回，漏入中土，因定严禁商舶携带倭钱，及零星散布者，官为收买之例。"

乾隆皇帝闻知这种情况后，立刻下旨命令江苏、浙江、福建等地的总督和巡抚，大力打击使用"宽永通宝"的非法活动，这种日本钱币很快就在沿海地区的市场上查无踪迹。

尹继善不得不感叹："宰相须用读书人，做官做幕尤不能不用读书人。"

"宽永钱案"让汪辉祖名声大振，也让"绍兴师爷"这个职业被更多人知道。

汪辉祖于乾隆四十年（1775）考中进士，结束了他的师爷生涯，任州县官五年，后因不肯巴结上司，以致得罪上司，被劾罢官。

湖南老百姓称汪辉祖为"神君""汪龙图""汪佛"等。汪辉祖被革职后，当地百姓哭着来送行，轿子被簇拥着不能前行。百姓感念汪辉祖恩德，甚至几年后还有县民不远千里赶赴萧山来探望他。汪辉祖有诗："客从宁远来，访我湘湖滨。"

回到萧山瓜沥后，他隐退意志坚定，一些地方大员先后重金聘其入幕，都被他婉言谢绝。

虽然不再涉足官场，汪辉祖仍然关注国计民生。乾隆五十八年（1793），萧山西江塘塌陷，汪辉祖应浙江巡抚之召，共商修理西江塘等事。经过实地察看和丈量后，汪辉祖提出的施工方案比原定方案少花了不少银两。经过半年修理，全塘告竣，工程坚固，耗资又少，造福百姓不浅，他却没要任何报酬。

汪辉祖为人做事有着很多值得学习的地方，他尝言："心尽于事必竭所知所能"，"信而后谏，惟友亦然"，"正心乃为人之本，心正而其术斯端"，"驳诘之繁，累官累民，皆初报不慎之故"，"故统案慎勿轻办"。

现代学者胡适盛赞："我读乾隆、嘉庆时期有名的法律家汪辉祖的遗书，看他一生办理诉讼，真能存十分敬慎的态度。他说：'办案之法，不惟入罪宜慎，即出罪亦宜慎。'他一生做幕做官，都尽力做到这'慎'字。"

汪辉祖为教育子女写下了《双节堂庸训》。这是清代著名家训，流传很广。此书分为述先、律己、治家、应世、蕃后、述师述友六篇，共219条。汪辉祖谦称这些家训都是"庸人庸言"，然而正因其"庸"，于当时乃至现在，针对性和实用性都非常强，启发了很多人。

汪氏后代将《双节堂庸训》奉为圭臬，引为修身正己的经典，人才辈出。到了近现代，汪辉祖六世孙汪谦为著名画家，画技甚精。汪辉祖九世孙汪忠镐是国际著名心血管专家，2005 年当选为中国科学院院士。

伯年国艺

2011 年 7 月 16 日。

西泠"中国书画近现代名家作品专场"人气极旺，拍卖大厅内更是找不到一处空位，就连过道都挤满了人。十一点半刚过，本次拍卖最受关注的任伯年《华祝三多图》开始竞拍。

《华祝三多图》

当拍卖师报出 8000 万元的起拍价后，第一位竞买人几乎没有考虑就开始举牌，经过几次叫价，很快就抬升至 1 亿元，当"破亿"的掌声还未落下，前排一位买家马上报出 1.1 亿元，此时后排的一位买家迅速举牌，1.2 亿元。随后经过 1.3 亿、1.35 亿、1.4 亿、1.45 亿等几个回合的竞价争夺后，此画最终被后排买家以 1.67 亿拍得。

《华祝三多图》是任伯年一生中最出色的两件画作之一，是已知单件最大尺幅、最具代表性的一幅作品，可以说是代表其艺术最高成就的巨制，这件以全景式构图作人物故事的《华祝三多图》，被称为"任伯年之王"。

《华祝三多图》是为上海富商方仁高七十大寿所作，"三多"，指多福、多寿、多子。任伯年另辟蹊径，选用古代典故，以上古五帝之一的"尧"作为主角。尧寿一百一十八岁，禅让舜之后善终，生有十子二女，契合"三多"之意，与寻常寿桃或者其他清供图迥然不同，可见任伯年的才情。

任伯年，初名润，字次远，号小楼，后改名颐，字伯年，道光二十年（1840）生于浙江山阴航坞山（今杭州市萧山区瓜沥镇），清末著名画家。

任伯年的父亲，名鹤声，号淞云，一介米商。"读书不苟仕宦，设临街肆，且读且贾。善画，又善写真术。耻以术炫，故鲜知者，垂老值岁歉，及以术授。"

在任鹤声看来，画像如同卖米，是谋生技能，只是贫苦家庭讨一口饭吃，而非艺术，所以他不愿意给儿子"传道授业"。直到后来庄稼歉收，才让儿子学画像之术。

作为求生技艺的画像术，是任伯年最初接受的美术教育，也让他的天赋得到了展示，其中一个典故就是他在父亲出门离家时能精准地画出家中来客相貌。

因为家贫，任伯年十五六岁时在上海卖画，模仿其大伯任熊作品沿街叫卖。任熊恰逢路过，非但不怒，反而赏识其才华，招为弟子。任熊还把他介绍给更多的上海画家，这给他后来的创作打下坚实基础，此事在方若的《海上画语》（稿本）中有着详细记载。

咸丰十一年（1861），太平天国军从杭州进攻绍兴时，兵荒马乱，任家为了躲避兵乱，不得不离家逃难。任伯年父亲死于逃难路上，任伯年也身陷军中，成为掌旗。

同治七年（1868）冬，任伯年前往上海，此后长期在上海以卖画为生，住于豫园附近的三牌楼"依鹤轩"。后开设扇子店"古香室"，与虚谷、张熊、高邕等画家及收藏家毛树征成为友人，并在光绪九年（1883），经高邕介绍结识吴昌硕。

任伯年与吴昌硕有一段故事。任伯年出了名之后，各地商帮纷纷前来订画，颇有供不应求的感觉。彼时，吴昌硕常常前往沪上老城厢三牌楼"依鹤轩"，见任伯年先收画酬，又迫于画债而不得不夜以继日作画，于是为之刻"画奴"大印，不失调侃之味。

此印边款曰：伯年先生画得奇趣，求者踵接，无片刻暇，改号"画奴"，善自比也。

光绪二十一年（1895）十一月初四日，因绍兴资产丢失之心痛，加之吸食鸦片引发肺炎，任伯年不幸去世，享年五十六岁。

吴昌硕从苏州赶往上海奔丧，作挽联，其联曰：

画笔千秋名，流石随泥同不朽；
临风百回哭，水痕墨气失知音。

任伯年的画"仿北宋人法，纯以焦墨钩骨，赋色肥厚，近老莲派"，新中国美术奠基人之一、著名美术家蔡若虹称"任伯年是中国近代绘画的巨匠"，国画大师徐悲鸿更是推崇其为"仇十洲以后中国画家的第一人"。

如今瓜沥镇异常重视任伯年，打造"伯年国艺"品牌，在航坞山下专门建了一座任伯年纪念馆，占地面积 11 亩，建筑面积 2544 平方米，著名书画家陈振濂、吴山明、梁平波等先生都先后为纪念馆题词。

任伯年纪念馆

参考文献

1.〔清〕汪辉祖:《佐治药言》,商务印书馆,1937年。

2.〔清〕汪辉祖:《双节堂庸训》,天津古籍出版社,1995年。

3.瞿兑之:《汪辉祖传述》,商务印书馆,1935年。

4.卢辅圣编:《任伯年研究》,上海书画出版社,2002年。

5.汤永炎:《任伯年研究》,教育科学出版社,2007年。

余杭：夏禹登陆的梦想之地

余杭，位于杭州市西山区与平原交接处，镇西南天目山余脉逶迤蜿蜒，镇东北杭嘉湖平原一片平畴。镇境东起部伍桥，西迄西门，南自狮子山，北达北门，域中南苕溪穿镇而过，镇被分成南北两半。

余杭之名相传因"夏禹东去，舍舟航登陆"而得，据历史地理学、《水经注》研究、地方志和地名学方面的泰斗陈桥驿考证，晚清文史学家李慈铭在《越缦堂日记》中说："盖余姚如余暨、余杭之比，皆越之方言，犹称于越、句吴也……其义无得而详。"又据《越绝书·外传记地传第十》记载："朱余者，越盐官也。越人谓盐曰'余'。"

也就是说，浙江的一些地名，如余姚、余杭、余暨（古萧山名）等，都是当时越族的方言。7000年前，上述三地均靠海，或许就是盐产地，古越族人因盐而命名之。

秦王政二十五年（前222），置余杭县，属会稽郡，隋开皇九年（589）设州，又在余杭建杭州，杭州之名亦由此始。

秦代建县时，筑城于苕溪南岸，宋代以后县城徙于溪北，逐步形成溪北为城，溪南为市的局面，居民大多集聚在溪南。镇南有东西向直街和南渠街，以及南北向通济街。直街和通济街成"丁"字形，为全镇中心。溪北有东西向太炎路，史称县前街。街道两旁弄巷纵横交织，房屋鳞次栉比，屋宅稠密。

汉唐以来，余杭镇名人辈出。三国名将凌统、唐代诗人罗邺、五代高僧文益、南宋名臣何铸、明代谏臣邹干等均是余杭镇人，近代国学大师章太炎也在苕溪之畔度过了青少年时期。宋时，王安石曾寓居通济桥北法喜寺读书，有王荆公读书堂古迹。苏轼、张祜、范仲淹、

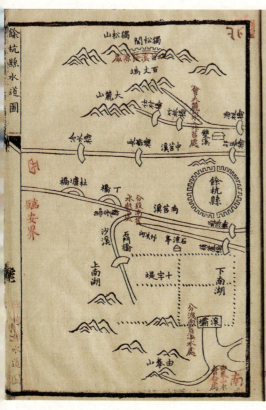
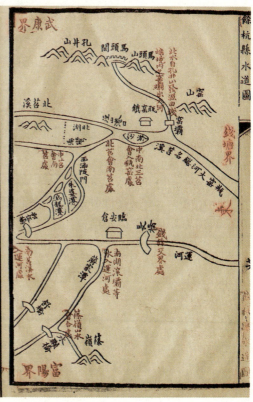

《余杭县水道图》

欧阳修、司马光等皆曾游余杭。

余杭镇历2200余年历史,镇内古迹众多。其中凌（统）将军庙、唐太宗折角碑、法喜寺、王荆公读书堂、三贤祠、文昌阁和安乐寺等一批名闻一时的古迹,已湮没。

三国名将

建安八年（203）十一月。

吴郡余杭（今浙江杭州市余杭区）的十五岁少年凌统,迎回了自己父亲凌操的棺椁。

凌操为人侠义有胆气,在乡里赫赫有名,孙策锋起淮南时,凌操多从征伐,经常充当先登锐士,勇冠三军。孙权统军后,凌操从讨江夏黄祖,军入夏口,凌操又是先登破军,在击破敌人先锋后,轻舟独进,中流矢而死。

《三国志·吴书》载:"宁以善射,将兵在后,射杀校尉凌操。"

十五岁的凌统异常悲愤,这一年,他刚刚完成束发礼,是他阿翁亲自把他原先总角解散,扎成一束,这代表他已经成童。

《榖梁传》:"羁贯成童,不就师傅,父之罪也。"

而现在,凌操已经成为冰冷的尸体,再也无法给凌统找到师傅,要永远承担这个罪名。孙权是一个重感情的人,以凌操死于国事,拜凌统为别部司马,行破贼都尉,令其代父统领父亲生前的兵士。

所以凌统在安葬了父亲后，马上以少年之身加入三国战乱中。

凌统虽是少年，但性子和他父亲多有相似。这里有一个典故，建安九年（204），孙权为了保障长江运输安全，发起了第二次攻打麻、保二屯的战役，凌统跟随。孙权攻破保屯先回军，剩下麻屯（麻屯、保屯都在今湖北嘉鱼县）一万人。

凌统和督官张异等人围城，定好日期进攻，事先，凌统和督官陈勤聚会饮酒。陈勤是个刚强气粗的人，为了督祭酒，欺负在座的人，罚酒也不按规矩。凌统看不上他欺负人，当面顶撞，陈勤就骂凌统和其父凌操，凌统流了泪不答话。从这里可以看出，凌统当时还是个少年，控制不住自己的情绪，同时也能看出凌统内心的倔强。

陈勤酒喝多了还闹气，又在路上辱骂，凌统不再忍耐，就拿刀砍了陈勤，隔几天陈勤因伤死去。

到了进攻麻屯的日子，凌统说："我不死没法谢罪。"就激励士兵，迎着刀箭进攻，他所攻打的一面，敌方立即就崩坏了，于是各路乘胜进兵，大败敌人。作战回来，凌统自投军法处。但孙权称道他勇敢奋战，结果将功赎罪。

建安二十年（215），孙权乘曹操远征张鲁之机，率十万大军亲征合肥，连攻十余日，合肥守军张辽部士气高涨，岿然不动。孙权见合肥难攻，撤围退兵。

当孙权军大部已退至淝水（古水名，源出今安徽合肥西北）以南，唯孙权与诸将等少数人尚在逍遥津（淝水上游津渡，在今安徽合肥东北隅）北时，张辽发现踪迹，率兵突袭而至，以致凌统和亲兵三百人被魏军包围，好不容易才救孙权出了围。

时桥南军队已撤退完毕，逍遥津桥上有丈余处已没有木板，孙权在侍从帮助下，纵马跃过断处，才得免于难。凌统转回迎战，左右皆阵亡，凌统也受了伤，还奋力杀死几十个敌兵，一直到估量着孙权脱了险，凌统才肯退下。

孙权见到凌统还活着，大惊大喜，凌统却痛心亲随都战死了，没有一人回来，很是难过，孙权用自己衣袖给凌统擦干眼泪，对他说："公绩，死的已然死了。只要有你在，还怕没有人吗？"

至今，余杭还有"鸱鸟鳌鱼灯"传统民俗纪念此事。

建安二十二年（217），凌统受命去接纳山中之人，一路上很受敬仰和欢迎，得精兵万余人。事毕病卒，时年二十九岁。孙权得到消息，拍着床起身，悲哀不能自制，并且减餐几天，一提到凌统就流涕。

陈寿在《三国志》中评价："凡此诸将，皆江表之虎臣，孙氏之所厚待也。""（凌统）虽在军旅，亲贤接士，轻财重义，有国士之风。"

凌统死后，归葬家乡，将军亭侯凌统墓，在县西北六十里，浮里界。凌统墓在县西北六十里"浮里界""止戈乡浮里界王原"，大致就在现在余杭鸱鸟镇一带。

当地人为了纪念他，还造了凌统庙，又作灵通将军庙，其位置在"县东南一里许，丰乐坊内"。明代戴日强纂修的《万历余杭县志》有"凌统庙"的记载："瞻云坊在大街东次丰乐（坊）。内有凌统庙，今名木香巷。"

今余杭街道南渠河与沙港口交界处有一座古桥，名曰"部伍桥"，传凌统募民立部伍于此，故名。

《康熙余杭县志》卷之三《规制》志："部伍桥在县东二里，跨余杭塘，分南渠河水入港，通舟楫。吴凌统，募民兵立部伍于此，以御寇，故名。"

桥梁南梁上刻有"古部伍桥"四字，两侧刻有楹联，上联"伏濂回流，快睹乘槎仙侣"，下联"全师按辔，犹传报国英风"，歌颂了凌统的功绩。

余杭禅诗

唐光化二年（899）。

这一年的大唐，藩镇割据，政局动荡，摇摇欲坠，晋王李克用与检校太尉、中书令朱全忠为争夺泽、潞（治今山西晋城、长治）二州正在展开轰轰烈烈的河东之战，丝毫不把大唐皇帝放在眼里。

而远在浙江的余杭，当地开始兴建一座寺庙，名为吉祥院。

余杭这个地方，素来有崇佛的习俗，穷苦人家的孩子也经常被送到寺庙里托养，比如后来的大师文益，这一年他正好十五岁成童，正在淳安智通院出家，五年后就正式受戒绍兴开元寺。

文益著有《宗门十规论》，主张"理事不二，贵在圆融"，"不著他求，尽由心造"，提倡"对病施药"，"量体裁衣"。

圆寂后，南唐中主李璟谥之为"法眼大禅师"，后世将其开创的山门称为"法眼宗"，宋初极盛，为禅宗五家之一，影响远及日本、韩国及东南亚，历史意义十分深远。

《庄子·人间世》载"虚室生白，吉祥止止"，吉祥坐又是佛教禅定时的常用之坐姿，故亦名"禅定坐"，所以吉祥院这个名字融通中西，寄托了余杭人诸多美好之意。

几年后，吉祥院建成，大唐也事实上亡了，余杭这个地方归了吴越王钱镠管辖，确实也过上不少太平日子。之后就是"纳土归宋"，少了许多战乱。

到了北宋大中祥符八年（1015），"吉祥院"改名"法喜寺"，十数年后，迎来了一位重要的客人，临川（今江西抚州市临川区）人王安石。

王安石，字介甫，号半山，第一次到余杭的时候，大约在宋仁宗庆历年间（1041—1048）。当时他担任鄞县知县，兴修水利、扩办学校，初显政绩，正是风华正茂时。

王安石在游览时非常喜欢苕溪两岸如雪的芦花和苕花，喜看溪中惊飞的水鸟，因此出资建造缛野堂（今太炎小学食堂处，因历史变迁，遗址已无法找寻了）。这缛野堂的堂名来自苏东坡的"春萌缛野"，后来改名为"绿野堂"。绿野堂就挨着法喜寺，王安石也很喜欢佛门的清净，经常来这里夜宿。

王安石第二次来余杭已经是宋神宗元丰五年（1082），此时的他长子去世、变法几近失败，心中郁闷但又无可奈何。王安石在绿野堂住了好长一段时间，每日看那苕溪流水潮涨潮落，静听安乐塔前古钟声，修身养性，并时常与当时法喜寺禅师佛印法师研讨交流佛学，并写下了《法喜寺》一诗：

> 门前白道自萦回，门下青莎间绿苔。
> 杂树绕花莺引去，坏檐无幕燕归来。
> 寂寥谁共樽前酒，牢落空留案上杯。
> 我忆故乡诚不浅，可怜鹁鸪重相催。

四年后，宋哲宗元祐元年（1086），王安石病逝，享年六十六岁，获赠太傅。

宋哲宗元祐四年（1089），苏轼任龙图阁学士知杭州，他特意赶到余杭，宿法喜寺后绿野堂。

苏轼，字子瞻，一字和仲，号铁冠道人、东坡居士，世称苏东坡，眉州眉山（今四川省眉山市）人，祖籍河北栾城。在政治上与王安石对立，他的许多师友，包括当初赏识他的恩师欧阳修在内，皆因反对新法与王安石政见不合，被迫离京。宋神宗熙宁四年（1071），苏轼上书谈论新法的弊病。王安石很愤怒，让御史谢景温在皇帝面前说苏轼的过失。

但是在学识上，两人互相欣赏。元丰二年（1079）乌台诗案的时候，新党们非要置苏轼于死地不可。

王安石虽退休金陵，仍上书说："安有盛世而杀才士乎？"这场诗案就因王安石"一言而决"，苏轼得到从轻发落，贬为黄州（今湖北黄冈）团练副使，本州安置，受当地官员监视。

所以这次苏轼来，触景生情，心情大致也是不好的，又逢好友孙觉（孙莘老）重疾，所以留下了一首诗《宿徒倚秋原上，凄凉晚照中。
水流天不尽，人远思何穷？
问蝶知秦过，看山识禹功。
稻凉初吠蛤，柳老半书虫。
荷背风翻白，莲腮雨退红。
追游慰迟暮，觅句效儿童。
北望苕溪转，遥怜震泽通。
烹鱼得尺素，好在紫髯翁。

明洪武进士，余杭人礼部郎中夏止善，也留有一首与法喜寺有关的诗："招提酾酒竟忘回，石径闲游步绿苔。门外溪声春雨过，屋头松响晚风来。一身莫论无穷事，百岁须倾有限杯。正是长吟犹未了，僧堂忽起暮钟催。"

法喜寺于元至正末毁于火，明洪武元年（1368）重建。万历初倾毁，四十年（1612）捐资重建，屡建屡毁，如今只剩下一片荒芜，被历史长河所湮灭了。

余杭三贤

明成化二十二年（1486）。

余杭人邹干决定在龟山书院旧址，重建纪念陈浑、归珧、杨时等余杭三贤的祠宇。

邹干，字宗盛，是明正统四年（1439）进士，自幼聪慧，年十五即为应天府太学生，可谓少年天才。

其父少詹事邹济也是一名贤臣，明仁宗有诗赐邹济："贤良作辅翊，荐扬孝慈亲。兹逢长至节，何以劳嘉宾。

礼仪虽云菲，情意实宏深。眷怀岂能忘，尚体予至谌。"
明洪熙元年（1425），赠太子少保，谥文敏。

邹干为人正直，在任兵部职方主事的时候就受到当时的兵部右侍郎于谦器重。土木堡之变后的京师保卫战，邹干更是披坚执锐，往来军中。

当时瓦剌将也先部迫近京畿，守城官兵紧闭城门，城外老幼万余人无法进城，呼天号地求救。

邹干挺身而出说："设城本以卫民，今弃民于敌，可乎？"表达出他绝对不会放弃老百姓的信念，正好当时军队亦需外出抢运粮草，邹干即下令："军从左出，民从右入。"救民入城，又亲督三营运粮，同时分兵把守宣武、彰义两门迎战。瓦剌兵探知城内有备，遂退去。因为这个功劳，兵部尚书于谦越级将其提拔为兵部右侍郎。

明景泰元年（1450），任礼部左侍郎，奉命考察山西官吏，罢革布政使以下大小渎职官员 50 余人。明天顺元年（1457），任礼部尚书，在礼部十年，废除宿弊不止一端，如禁止斋醮枉费，罢度僧道 13.3 万人，免去浙江被摊派的花木万余株等。

明成化十六年（1480），邹干因行事不阿权贵，加上于党身份，索性就致仕还乡，落得清闲。

回到家乡后，邹干还是想做点事情，然后就发现纪念余杭三位主事官的"陈明府祠""归府君庙""龟山书院"都已荡然无存。

古时余杭常闹水灾，山洪暴涨，溪水没过堤岸，致使大街小巷全泡在水里，茅舍田地被淹。

最先治理水患的是东汉熹平元年（172）任余杭县令的陈浑。

陈浑，字子厚，桐庐人，富阳侯陈硕之子，封余杭侯。

熹平二年（173），陈浑亲度地形，"发民十万"于县城西南筑塘围湖，以分杀苕溪水势。湖分上下，沿溪为上南湖，塘高一丈五尺，周围三十二里；依山者为下湖，塘高一丈四尺，环山十四里。湖面四百余公顷，统称南湖。

余杭南湖

在湖西北凿石门涵，导溪流入湖，湖东南建泄水坝，使水安徐而出。又于沿溪增置陡门堰坝数十处，遇旱涝可蓄可泄。在苕溪上建通济桥，桥今存。县人称此建设为"百世不易，泽垂永远"，并建"陈明府祠"进行悼念。

此后，唐宝历元年（825）任余杭县令的归珧，发现当时水利失修，南湖湮塞严重。就依据东汉陈浑所开南湖旧迹，浚湖修堤，恢复蓄泄之利，民得以富实。

当时余杭县北一带坑洼不平，逢雨，山水骤至，常淹害行旅。归珧取开湖之土，筑西北甬道百余里，使路人免受溺水之苦。堤刚成，即毁于洪水。归珧发誓："民遭此水溺不能拯救，某不职也。"再筑而就，众称"归长官塘"。湖成，归珧卒。县人称"归珧誓死筑湖"，同时建设了"归府君庙"，年年祭奠，也寓意着归珧成了当地的守护神。

北宋崇宁五年（1106），杨时奉敕差充对读官，转授浙江余杭县知县。权相蔡京把他母亲安葬在余杭，并听信风水先生的话，准备引水入湖，用满满的南湖水面，映衬墓地，以增添其母亲墓地的景色，利"风水"。

杨时是南剑将乐（今福建将乐县）人，宋代著名理学家、"闽学鼻祖"，有着福建人特有的节气和刚烈。他查明真相后，上书朝廷，硬是顶掉了此事。痛斥"宦官所为"乃"伤财害民"之举，主张"为政以德"，"爱人节用"，"节以制度，不伤财，不害民"。

杨时，字中立，号龟山，人称龟山先生。他死后，县人在南湖塘东南隅，建了一个"龟山书院"，作为纪念他的处所。

邹干的呼吁得到了邑人方景高的支持，并捐出了自己的土地，建造了"三贤祠"，祠宇简朴，三间屋大小，青砖黑瓦，四周配有围墙。此处位于南湖东南面，面对南湖，波光涟漪，汀鹭渚禽，飞鸣上下。

"三贤祠"的西南方，诸山环拱，朝晖暮霭，十分清静幽雅。此处既是瞻仰"三贤"风采、追溯历史之处，又是游览胜景、赏心悦目之地。建祠以来，人来人往，香火旺盛，显示了余杭人瞻仰先贤、追功颂德的传统。

太炎先生

同治七年（1868）年底，公历为 1869 年。

浙江杭州府余杭县东乡仓前镇，章氏家族多了一个

位于余杭仓前的章太炎故居

男丁。章氏乃余杭望族，明朝初年从分水县迁居余杭县，始迁祖是章胜三，繁衍到当下已是族人众多。

章家辈分按照五行来排，男丁的父亲为章濬，按照"金木水火土"的排序，给此子取了一个火字旁的名字"炳麟"。

章濬善于作诗，"为文华妙清妍"，尤其推崇清初著名诗人查慎行，因此为诗作文多取法查氏。此时，章濬在余杭担任县学训导，居住在苕溪之畔的余杭县府上，已经是地方乡绅头面人物。

由于章濬与时任余杭知县刘锡彤过往甚密，被卷进了清末四大奇案之一的"杨乃武与小白菜"一案。这起由余杭知县刘锡彤一手制造的冤案在短时间内轰动浙江全省直至全国，案件中夹杂了左宗棠楚系和李鸿章淮系之争，以慈禧太后为首的中央势力与太平天国运动后崛起的地方汉族大员势力之争，使得案件变得十分复杂。

深陷其中的章濬无法自拔，不得不请了岳丈朱有虔来余杭指导章炳麟的教学。

朱有虔，字秉如，号佐卿，海盐人，是个国学功底厚实而又富有民族意识的学者，教学很严格，教导外孙必须一步一个脚印地用功。他花了三年左右的时间，把章炳麟训练成了一个勤学少年。

在授课之余，老先生也给外孙讲些明末清初的历史故事，讲讲明末爱国主义思想家王夫之、顾炎武等人的事迹和著作。

章炳麟对此都有详细记载："余十一岁时，外祖朱佐卿授余读经，偶读蒋氏《东华录》曾静案，外祖谓：'夷夏之防，同于君臣之义。'余问：'前人有谈此语否？'外祖曰：'王船山、顾亭林已言之，尤以王氏之言为甚。谓"历代亡国，无足轻重，惟南宋之亡，则衣冠文物，亦与之俱亡"。'余曰：'明亡于清，反不如亡于李闯。'外祖曰：'今不必作此论，若果李闯得明天下，闯虽不善，其子孙未必皆不善，惟今不必作此论耳。'余之革命思想伏根于此。"

如此教育下，少年时代的章炳麟"闻之启发"，懂得了"夷夏之防同于君臣之义"的"春秋大义"。

他十来岁的时候，这个思想有了一次大的爆发，当时章炳麟应父亲要求参加童子试，考题为《论灿烂之大清国》。

1885 年的清国如何灿烂呢？日本启蒙思想家福泽谕吉，在《时事新报》上发表《脱亚论》，倡导日本要"脱亚入欧"的思想，彻底放弃了以中华为核心的东亚中枢思想，也显示了对大清国的蔑视；4 月，中法战争停战协定签订，清方承认法国对法属印度支那诸殖民地的宗主权，使得镇南关大捷化为泡影，中国不败而败，法国不胜而胜；同年 4 月，李鸿章与日本参议伊藤博文签订《中日天津会议专条》，日本获得随时可以向朝鲜派兵的特权，后来日本利用此约发动了中日甲午战争……

整个官僚机构乃至整个社会在封闭自大的环境下奢靡骄怠、贪污腐化，中央权威日益缩减，在内忧外患的冲击下，灿烂的大清国正一步步走向衰败覆亡。

一怒之下，章炳麟提着毛笔唰唰唰一通狂写就交卷了，主考官一看内容就差点跪了，"吾国民众当务之急乃光复中华也"。那是章炳麟第一次参加清朝的考试，也是最后一次。

清光绪十六年（1890），章濬病逝，处理完后事，章炳麟离开了余杭，去了杭州诂经精舍，拜在一代名儒、朴学大师俞樾门下求学。

俞樾是从顾炎武、戴震、王念孙、王引之等一脉相承下来的清代著名朴学大师，撰有《群经平议》《诸子平议》《古书疑义举例》，章炳麟在俞樾门下埋头研究学问，前后一共有八年之久，收获颇大。

其间，章炳麟因为仰慕顾绛（顾炎武）的为人行事而改名为绛，号太炎，世人常称之为"太炎先生"。

章太炎的少年时代是在余杭苕溪畔长大的，在这里他建立了初步的世界观，"只要文化不坠，则种可保"，他的民族思想迥然于"种族优劣论"，认为民族的"文化"和民族的生命有着一体相连的血脉关系，这使得他终成为"有革命业绩的大学问家"。

鲁迅回忆其师章太炎："考其生平，以大勋章作扇坠，临总统府之门，大诟袁世凯的包藏祸心者，并世无第二人；七被追捕，三入牢狱，而革命之志终不屈挠者，并世亦无第二人。这才是先哲的精神，后生的楷模。"

1936年6月14日7时45分，章太炎去世。弥留之际，他断断续续留下两句遗言："设有异族入主中夏，世世子孙毋食其官禄。"

1955年，在周恩来总理的直接关怀下，按章太炎生前遗愿，迁葬其灵柩于杭州西湖边上，紧邻他最推崇的抗清英雄张苍水墓。

参考文献

1.〔晋〕陈寿:《三国志》，中华书局，2006年。

2.〔明〕戴日强:《万历余杭县志》，浙江古籍出版社，2016年。

3.汤志钧编:《章太炎年谱长编》，中华书局，1979年。

4.上海人民出版社编:《章太炎全集》，上海人民出版社，1982年。

5.詹秉轮:《王安石与老余杭的缛野堂》,《余杭晨报》2016年6月20日。

深澳：四水归一的和合之居

　　深澳古镇包含徐畈、环溪、荻浦、青源四个村，位于富春江南岸天子岗北麓，桐庐县城东北，沿应家溪西岸一字排列。

　　深澳古村、荻蒲在历史上统称深浦，为申屠氏始祖于南宋后发展而成；徐畈，金华徐偃王在南宋时迁居于此，为申屠氏姻亲发展而来；环溪，为明代洪武年间，大儒周敦颐十四世孙周维善率族人迁居于此，世代繁衍而成。

　　深澳因水系而名，申屠氏先人在规划村落建设时，首先规划了村落水系。深澳的水系是一个独立的供排水系统，它由溪流、暗渠、明沟、坎井和水塘五个层面立体交叉构成，各自独立，相互联系，充分调控地面和地下水资源，将饮用水、生活水和污水分开处理，并使水始终处于流动状态。

　　深澳老街全长200多米，南北走向，宽约3米，铺设着凹凸有致的卵石路，两侧建筑多为清中后期及民国建筑，依然保留着时代特点，精湛的木雕手艺把建筑装饰得美轮美奂，梁柱窗棂间的雕刻无一雷同，牛腿上的

深澳民居

狮子经过了几百年的风雨依然神采飞扬。

这些古建筑可以分为祠堂、庙庵、戏台、桥梁、民居，绝大多数属于中国四大建筑风格之一的徽派建筑。

深澳不仅人文景观丰富，自然景观也非常优美，最高的铁良山，海拔 964.4 米，登山远眺，江山如画。还有近百米高的瀑布，当地人称老龙喷水，从天而泻，蔚为壮观。

荻浦申屠

北宋崇宁三年（1104）隆冬，桐庐。

申屠理紧了紧身上衣物，继续向前，入目之处皆是大雪覆地，极难辨别方位。申屠理是从屠山里出发打猎的，已经行走了约五里多地，目前沿着一条水溪往下游而去。

　　申屠一姓是炎帝神农氏十五世裔孙伯夷之后。西周末年，申侯等协助废太子姬宜臼登基而得到封赏，申侯幼子被赐封在屠原（今陕西合阳，一说时在甘肃泾川一带）。定居于此的后代，便将国名"申"和地名"屠"结合起来作为自己的姓氏。

　　西汉末年，丞相申屠嘉七世孙申屠刚为躲避王莽之乱，携家眷从河南洛阳迁至浙江富春屠山定居。据南宋《咸淳临安志》记载："屠山，在县（富阳）之西南五十余里，世传有姓申屠结庐以居，乃以名其山，复以志其里（即屠山里）。"

　　申屠理自幼聪慧机灵，却绝意功名，特别是这个时候，朝中奸相蔡京向宋徽宗提倡丰、亨、豫、大之说，意思是国家太平已久，财政富裕，足可以好好享受一番的，此种歪理邪说越发让申屠理不齿仕途。

思绪间，申屠理又走了三里多地，突然看见一处地片雪无存，顿觉此地风水走向极佳。再仔细看周围景观，只见其地泉甘而土肥，草木丛茂，而不远处恰有一处屋舍，申屠理就上前探寻。

屋舍中有一老者，见申屠理少年英俊，举止有礼，便让他进屋说话。闲聊间，申屠理方知此处叫"荻溪"，意思是草木茂盛的水边，而老人姓范，乃是春秋越国范蠡后裔，是一位贡员，家有一女，却无子嗣。

范公觉得申屠理知书达礼，满腹经纶，甚是喜欢。没几天，经媒人撮合，这两厢情愿的事自然水到渠成。范家很快为这对新人择日完婚，申屠理成了范家"赘婿"。

申屠理素有才干，申屠一族甘陕出身，又是神农后裔，历来重视水系构建，这个事情可以从南朝盛弘之的《荆州记》中一窥，"神农既育，九井自穿。又云浚一井，则众井水皆动"，即以此为神农社，年常祠之。

在入赘范家后，申屠理按照家俗，认真规划了整个村落的水系建设，整个水系由暗渠、明沟、坎儿井、水塘、溪流组成。

暗渠深入地下约4米，宽1.5米，高2米，引荻溪之水贯穿村落。渠底用卵石铺成，渠上建筑成拱顶，成人可进出疏浚，渠水清澈甘洌。为方便取水，每隔一定距离就开一个水塘，由于水塘比较深，称之为"澳"。

与这条暗渠并行的还有水沟，从各家门前淌过。每幢四合院的天井都有排水沟，根据风水学，称为四水归一。天井里蓄的雨水流入门前的水沟，同时带走生活污水，如此完整的水系使深澳免受水旱灾害侵犯，申屠一族就此繁衍。

因此，申屠理被后人尊为"桐庐申屠氏始祖"。后来，申屠理的后裔应辰、华封公嫌溪之名不雅，遂易其名曰浦，意为水边，"荻溪"就叫作"荻浦"了。

至今，申屠氏宗祠二进后步柱间置石槛，立板壁门。立柱上有一副楹联，"木本自屠山，木郁荻葱，惟愿枝枝高百丈；水源连范井，水流浦纳，还期派派聚明堂"。

楹联对仗工整，寓意深刻。上联以木喻源头，是说桐庐申屠氏族源头来自屠山，愿子孙后代如树木一样郁郁葱葱；下联以水喻宗族，大意为申屠氏族源远流长，水连范井也点出了申屠氏与范氏的关联关系，借此望各支派后裔思源归宗。

申屠氏宗祠又名"家正堂"，所谓"家正"，乃建祠先祖对后代之铭诫，"在川公曰，有公家之政，私家之政，政之为言正也，名以家正乎"，从小孝到大义，是家正的核心与灵魂。

清乾隆年间，申屠氏出了大孝子，其名叫开基。其父背部生疮，命悬一线。申屠开基以口吮疮内脓髓，救父亲于危难。他以至孝之心，将他父亲从死亡线上抢救了回来。他的孝行，很快传遍了县城和乡间。

桐庐知县王德让即以旌表孝子名上报朝廷，乾隆三十五年（1770）下圣旨："桐庐县孝子申屠开基，孝义兼全，旌表给银建坊。"在荻浦村口立孝子牌坊。荻浦孝子坊为三门四柱五楼，全部构件均用青石打制。顶部直竖高悬"圣旨""恩荣"，正中楷书"孝子"石匾。凡路人过之，文官下轿，武官下马，以示敬仰。

家正堂

　　据清乾隆《桐庐县志》记载，自晋朝起到清乾隆朝，历一千三百余年，载入乾隆《桐庐县志》"人物孝友卷"的只有十二人，而立孝子牌坊的仅四人，其中一个就是荻浦村申屠开基。

深澳和居

南宋绍兴二十三年（1153）。

南宋高宗赵构取"绍奕世之宏休，兴百年之丕绪"

之意，于 1131 年改元绍兴，升越州为绍兴府。

"绍祚中兴"，绍，继也。祚，赐福、保佑。中兴，即中途兴旺，也寓意着宋王朝从"靖康之耻"之后，重新恢复了生气，这也意味着宋的老百姓在战乱阴影下重新走了出来。

这一年，一场简朴的婚礼在桐庐同里村举办。同里，典出于"八家为邻、三邻为朋、三朋为里"之说。同里的地名与当时村中姓氏繁多，同住方圆一里有关。康家、富家、汤家、张家、徐家、朱家、陈家、沈家等姓氏共住。

不过这次婚礼的对象稍有不同，女方是同里徐家徐光祖之女，徐家乃嬴姓徐氏以"仁义治国"著称的徐偃王之后，从金华迁居而来。而男方姓"申屠"，单名一个"祥"，是附近荻溪村的，爷爷是入赘荻溪范家的申屠理，父亲是申屠宁。

申屠祥为四子，也是最小的儿子，从小知书达礼，而徐氏长得羞花闭月，温柔可人，所以小两口一结婚，就难分彼此。次年，徐氏孕，久居娘家，为方便生活计，申屠祥随妻迁居岳父家。

申屠氏的到来自然给当地水系带来了变化，申屠祥也如祖辈一样，在自己居住的地方开拓了水渠和水塘，水塘较深为"澳"，分为上头澳和二口澳，每每有亲友问询申屠家详址时，总有人回应道："申屠家住在深澳边。"

徐氏能生养，申屠氏的人口迅速繁衍，"深澳"渐渐替代了"同里"的称谓，申屠祥遂为深澳申屠氏始祖。

深澳的水系比荻浦更为庞大，整个村落采用"浮排式"结构，形成了溪流、明沟、暗渠、水井、池塘纵横交错的网络格局，上下分流，点、线、面有机组合成了综合性的立体水利体系，兼排水、灌溉、洗涤、饮用以及消防之功能。其中地下水澳全长 1200 余米，离地面最深处达 5 米，浅处也有 3 米左右，澳洞高度近 1 米，宽度在 80 厘米间，个别区段达 1 米多宽，为澳道维护、疏浚提供了方便。

深澳古水系综合工程设计之科学合理、工程量之浩繁，在今天看来都堪称奇迹。

到了南宋淳祐九年（1249），申屠氏俨然是深澳大族，按照传统，申屠氏建立了自己的宗祠，名"攸叙堂"。"攸叙"出自《尚书·洪范》，"鲧则殛死，禹乃嗣兴，天乃锡禹洪范九畴，彝伦攸叙"。

攸，所，四方攸同；叙，叙说之意。意思就是让后人敬畏、尊重，遵守规则，约束自己，敬畏美好的事物，保持美好的修行、情操、品德。

在这一点上，申屠氏的后人很好地遵守了，《桐南申屠氏家谱》里记载着，申屠至洪，字大声，性子诚实厚道，和气谦让，常常说："凡人忠则厚，骄则薄，故宜厚以待人；凡物争之不足，让之有余，故宜让以风世。"意思是做人要忠厚，不能骄傲，要懂得谦让。

兄长病逝后，申屠至洪一直全心全意孝敬孀嫂，哺育孤侄。凡家里的事总是首先尊听嫂嫂的意见，让她说了算，让其开心快乐。至于日常生活吃穿用，更让孀嫂美意幸福；对两月遗孤侄儿申屠本泽，更是视之如亲生，关怀无微不至，他尤其注重从小向其灌输"做人一定要做好人"的道理。

《桐南申屠氏家谱》记载："本泽以两月遗孤倚孀母可得以成立，叔父洪提携训道，遂以器名，生而特达。"

而申屠本泽也确实没有辜负叔叔的抚养，申屠至洪自兄长逝世后，一直是这个家的当家人。十余年来钱谷出入由其一人支配。村中有不良之人毁谤至洪，在申屠本泽面前挑拨说，你叔家的资产皆是合家众产，今久据势将尽占，为他所有。

申屠本泽回答说："我以二月婴孩幸得成人，多赖叔父之力，岂得忘恩，这种缺德事我不为。"一时传为美谈。

申屠本泽生了申屠汝槐，这种团结和睦的好家风也传递了下去。

申屠汝槐，字君瑞，号梓峰，有弟弟六人。申屠汝槐敬老爱幼、孝顺父母、和睦兄弟，对生活困难者如缺吃者、缺穿者、有疾无力医治者，皆力所能及去帮助解决。谁家有争吵，邻里有纠纷，都会热情去劝说和好。即使外乡外地人有困难，也会设法帮忙。

申屠汝槐的高德为当道所重，赠匾以旌之，一曰"爵之以义"，一曰"尚义应褒"。

《桐南申屠氏家谱》记载："槐享年八十有三，积德之厚以致五福。"

"攸叙堂"于明正统六年（1441）重建，历经5次重修。坐东朝西，五间三进，观音兜卵石墙，现占地面积920平方米，至今犹存。

清莲环溪

明洪武十七年（1384）。

云南大理感通寺高僧法天师徒，经半年的跋山涉水，将一盆云南山茶和一匹大理白马及象征民族团结的诗章敬献给明太祖朱元璋。上殿觐见时竟出现"马嘶花放"的吉祥胜景，这寓意着大明朝的繁荣昌盛。

而在南面的浙江桐庐，有一户周姓人家举行了一次简短的分户仪式，代表着这户人家需要开枝散叶。

周姓人家的主人名字叫珪，儿子叫维善，迁居的地方其实也不远，就是距离周珪所居住的深澳几里地的环溪。因为深澳多为申屠氏，拓展空间有限，所以到周维善这一代，就选择了迁居。

选择环溪，周维善是经过深思熟虑的，此地处东面，位于天子岗山麓。天子岗海拔 630 米，相传东汉孝子孙钟葬母于此，钟生坚、坚生策、权，孙权建吴国，故得此山名。天子源和青源两条溪流汇合于村口，风光自然清秀。

"门对天子一秀峰，窗含双溪两清流"，端的是风水宝地。

村口有银杏树，周维善就把第一间屋舍建在了这银杏之下，以求荫庇。银杏均枝叶繁盛，树身高挑。时值深秋，一树金黄灿烂如阳。

周维善是周敦颐的第十四世孙，周敦颐是北宋道州营道楼田堡（今湖南省道县）人，世称濂溪先生，北宋五子之一，是宋朝儒家理学思想的开山鼻祖，所提出的无极、太极、阴阳、五行、动静、主静、至诚、无欲、顺化等理学基本概念，为后世理学家反复讨论，是理学范畴体系中的重要内容。

不过在后世，周敦颐最出名的还是在北宋嘉祐八年（1063）的五月，应邀与一群文朋诗友游玩聚会。兴之所至，大家便相约写诗作文。周敦颐一气呵成，挥笔而就一篇119字的散文，就是名传后世的《爱莲说》。

这篇散文对莲花的"出淤泥而不染，濯清涟而不妖，中通外直，不蔓不枝；香远益清，亭亭净植；可远观而不可亵玩焉"进行了赞赏，歌颂了莲花坚贞的品格，从而也表现了周敦颐自己洁身自爱的高洁人格。

周氏家训"十德四戒"，"孝友谦忍勤俭"六字真言，在周维善身上得到完美体现。

定居环溪后，周维善不惹是非，继续与周围深澳申屠氏、徐畈徐氏交好，日常走动。同时牢记"欲振家声，须读书为第一义。人知积聚致家盈余而已，岂知不读书则智者失之狂妄"，督促子弟日夜苦读，形成了"崇文尚志，读书明理"的好家风。

村落在周维善的妥善规划下，并在后续子弟的苦心经营下渐渐成形，整个布局可谓独具匠心。南北为主干道，东西为巷，纵街横巷，主体设计成"卅"字形，蕴意根系兴旺、财路畅通。

明渠暗沟，水沟与每条行路相附，流遍全村，不仅方便洗涤、保障消防，还将灵气贯通全村。根据五行说的"离"卦，村子南侧修有太平塘镇火。而水为"润下"，财气能随水流遍全村，村口"北水南归"为村聚气。

　　村中心修了祠堂，五间三进，观音兜，硬山顶，依次为大厅、享堂、寝宫，分别用来演戏、议事、供奉祖先牌位。堂内建筑木雕装饰精美，部分檩条为雕花檩，别有特色。

　　因南宋著名理学家朱熹在周敦颐"濂溪书堂"题下"爱莲堂"三字，所以该宗祠也按周氏族规，取名"爱莲堂"。

　　有"爱莲堂"自然就有莲花，莲花是分株繁殖的，为了显示敬意，环溪莲花是从周敦颐老家濂溪请来的，

环溪爱莲堂

遍种在环溪村中。

而在村水口处，有不知名僧人来结社静修。

风水专家认为，水流为龙之血脉，是生气的外在形态。大国医缪希雍在《葬经翼·水口篇》中说："夫水口者，一方众水总出处也。"

僧人选在此处，正是看中了此处的生机盎然，僧人有大德，周围村落信众甚多，多来参拜求签，此处慢慢就成了"水口寺"。

清康熙二十一年（1682），诸生周希里为方便里人

环溪双桥

建了一座桥，桥也在水口，天子源与清源溪交汇处，挨着"水口寺"。系单孔石拱桥，长18.2米，宽4.5米，石拱跨度12.2米。

石桥经受住了常年风雨岿然屹立，村民取"安然无恙"之谐音，命名安澜桥。

安澜桥规正典雅，简朴庄重，拱形似月。桥头两棵古樟枝叶如云，桥顶青石浮雕栩栩如生。桥下卵石镶底，流水潺潺。岸边芳草蔓蔓，杨柳依依，蔚然成景。

水、桥、山、寺、莲，构成了环溪周氏人与自然的和谐美景。

"双溪屈曲出安澜，遥村旷野衔天山。向晚钟声夕阳远，莲香风里皆是禅。"

青云姚夔

明永乐十二年（1414）。

这一年，郑和给明成祖带回了榜葛剌国进贡的长颈鹿，朝中大臣皆言此兽鹿身牛尾、食草而且不伤生，这不就是传说中的麒麟吗？此乃祥瑞之兆。

不过对于浙江桐庐的申屠妙玉来说，她却陷入了人生中最困难的时刻，她的夫君姚惟善不幸去世，留下了孤儿寡母无人照顾。

申屠妙玉只能带着幼儿回到了荻浦老家，寄居于叔叔申屠宝家。

幼儿名"夔"，古代传说中一种形状像龙而只有一足的动物，与麒麟倒是有点相通，都是上古异兽，不过《黄帝内传》有说："帝伐蚩尤，元女为帝制夔牛鼓八十面，一震五百里，连震三千八百里。"

取这个名字，也是希望这个孩子能够声动天下。

姚夔的幼年就是在荻浦乡下度过的，他的启蒙老师是他的舅舅申屠思敬。

申屠氏素来注重家教，以先人申屠刚和申屠蟠为榜样，从小教育子弟要清秀苦节，耻事权贵，更要博贯五经、兼明图纬。这种教育氛围，塑造了姚夔最基本的人生观。

荻浦《申屠氏宗谱》第一卷姚夔写的《家乘总旨》中，记载有"夔受皇帝宏纶敕赠先大人为（徵仕郎），敕赠母大人申屠氏为孺人。夔固宝四，思敬公之第五甥也，早岁及游庠后，时举礼赴其庭，得以习览其图系，是以有江南'世德之家'之誉。荻浦演派之引有礼仪一门诗书百代之称"。

在卷二十《保庆堂记》中，姚夔写道："今日者，太夫人且鹰宏庆以及呼夔，又岂非由世大父以前积善所致。世大父隐梧公也，太夫人所自出，夔沐其泽。"

姚夔天生聪慧，从小就展现出了惊人才华，三岁启蒙，十三岁就初通经史。

明英宗正统三年（1438），姚夔参加乡试，名列第一，进入国子监学习。正统七年（1442），姚夔参加会试，再次名列第一。同年登进士第。

姚夔始终坚持君国大事第一，人民大事第一，正身律己第一，官品、人品堪称一流。

正统八年（1443），姚夔担任吏科给事中，承担监察、谏言的职责，有了向朝廷直接上奏疏的机会。

他上的第一道奏疏就是奏请明英宗的关于时政的八件事："皇帝要蓄养德行，各部要推举贤才，考察相关部门，慎重选取谏臣，延宽诰敕的时限，革除仓库监察的弊病，建立追谥的准则，在各地当地选取教官。"

这八事都关乎君德、国政之要，切中时弊，深受英宗嘉许，多数得到采纳。

明正统十四年（1449），蒙古瓦剌部入侵，太监王振诱英宗御驾亲征，导致英宗在土木之变中被也先所俘，形势危急。朝中出现主战派与南迁派，人心不稳。姚夔果断与其他文官拥立英宗之弟，时任监国的郕王朱祁钰为帝，是为明代宗。这一举使也先要挟明英宗，进一步向明朝索取赎金等行动的算盘打空。

姚夔在此期间还上陈作战方略，得到采纳，为明朝后来北京保卫战的胜利打下基础。《明史》载："才远器宏，表里洞达，朝议未定者，夔一言立决。"可见姚夔在朝之威信和胆魄。

明成化九年（1473），姚夔病重，卧床不起，临终时，他对儿子姚璧说："我受国之厚恩，不能做到谋求回报，死后勿按惯例请求厚葬重祭，以加重我的过错。"

二月九日（公历3月7日），姚夔在京师长安里的家中病逝，享年六十岁。宪宗听闻噩耗，深为悼痛，赐祭葬。

追赠他为荣禄大夫、少保，谥"文敏"。

"三元宰相"商辂称赞姚夔："立朝三十余年，忧国之心，老而弥笃，每当廷议，正色昌言，人皆敬服。说者谓公可属大事，正直弗狗如古周勃、姚崇其人。"

姚夔与荻浦申屠氏有着特殊情缘，凡荻浦修谱，他都撰文以贺，凡遇修厅建堂等公众大事必出资相助，"保庆堂"就是为其舅祝寿而出资重修的，他还题匾作记。

凡荻浦申屠氏有求助之事，他总会以己资相助，从不会以权谋私。诸如此类事迹甚多，荻浦申屠氏为有如此杰出的外甥而引以为豪。

在荻浦"保庆堂"楼上至今还保留着姚夔母亲的绣花大鞋，族里定下规矩，凡申屠氏之女出嫁临行前，必须去踩一下姚母的大鞋，称为踏脚迹，沾福气，以期望能培养出出类拔萃之人才。

参考文献

1.〔清〕张廷玉等：《明史》，中华书局，1974 年。

2.〔清〕严正身、王德让修：《桐庐县志》，清乾隆二十一年（1756）刻本。

留下：西溪湿地的隐逸山乡

留下属杭州市西湖区，是一个千年古镇，原名西溪，根据清光绪《钱塘县志》记载，宋建炎三年（1129）七月，高宗南渡，幸西溪，初欲建都于此，后得凤凰山，乃云："西溪且留下。"故此处名留下，并一直沿用至今。

留下为杭州市的重要卫星城镇之一。东邻古荡街道，南接西湖、龙坞，北、西连蒋村街道和余杭区五常街道。留下多山林，是一个典型的山乡集镇。西部地区青山蜿蜒，自然风光秀丽，已被杭州市定为西溪湿地自然保护区。

在留下隐居过的名人很多，明代有孙遮田、包太白、洪慈、江邦玉等，清代有厉鹗、吴本泰等。花坞的三十六庵，七十二茅蓬等等，可称得上留下的隐逸文化。

在留下还住过对浙江历史较有贡献的两人，即晚清"八千卷楼"的主人丁申、丁丙两兄弟，他们堪称浙江文脉的保护者。如果不是他们在留下镇上发现包食品的纸居然多是《四库全书》的散页，就没得浙江当今的"文澜阁《四库全书》"。

留下镇历史上曾相当繁华，"西溪秋色"曾是古代

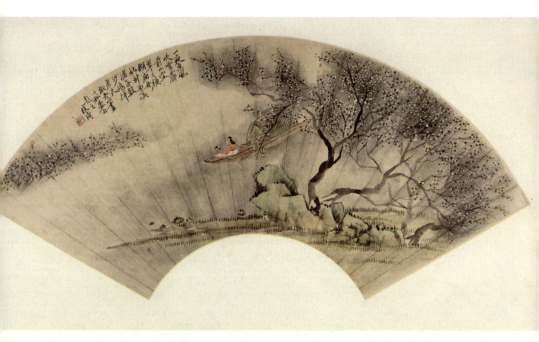

〔清〕改琦《西溪探梅》

西湖组景之一，西溪梅区也被清代著名文学家龚自珍推崇为全国三大梅区之一，与江宁蟠龙、苏州邓尉齐名。有西溪"三井"、梅花泉、花坞、东岳庙等遗址和一些古墓，由于久经沧桑现部分已湮没。位于桃源岭下的卫匡国墓，为意籍传教士、汉学家马蒂诺·马尔蒂尼的墓葬地，现已修复。

西溪且留下

北宋靖康二年（1127），汴京。

城中风雪不止，百姓无以为食，将城中树叶、猫犬吃尽后，就割饿殍为食，再加上疫病流行，饿死、病死者不计其数。与城中凄惨对应的，是城外金军大营极为屈辱的一面。

二月六日，金太宗下诏废宋徽宗、钦宗为庶人。大臣萧庆催促钦宗脱掉皇袍，换上平民之衣，在场宋大臣吓得不知所措，只有李若水大声抗议，怒骂不已，并要钦宗坚持不换衣服。

第二天，金军又逼迫宋徽宗及太后至金营，并下令凡宋各皇子、皇孙，后宫妃子、帝姬等全部去金营。数日后，李若水被宗翰的手下割裂咽喉而死。

四月初一日，金军俘虏徽、钦二帝和后妃、皇子、宗室、贵戚等3000多人北撤。这就是所谓的"靖康之变"，北宋灭亡。

赵构在南京应天府（今河南商丘）即位，改元建炎，史称南宋。同年，金人大举入侵，南宋王朝朝不保夕，宋高宗赵构踏上了南逃之路，一路逃往扬州。

建炎三年（1129）二月，金兵奔袭扬州，宋高宗赵构狼狈渡江，经镇江府一路南下，行五百余里，由西入杭州，进杭州前，在西溪稍作停留。

此处自古就是杭城西出要塞，五代时就有驻军，是西进杭州的第一道屏障。

当时的西溪有着一望无际的芦苇滩地，芦花似雪，在明月之下呈现出一片白茫茫的意境。当地又喜欢种植柿子，"鱼塘柿基"，主干斜挺，树冠伞形，红叶丹果，在周边芦花的衬托下，显得别有韵致，如此美景一下让赵构沉迷。

"西溪且留下"，让西溪之美留下，此处也渐渐成为"留下镇"。有了赵构的这句话，也就有了此后宋廷对留下

西溪芦花

的特别关爱。

南宋乾道三年（1167），隆兴北伐失败后，宋孝宗赵昚在内外政策上都转向平稳，当时社会民生富庶，人民安居乐业，呈现出政治繁荣的局面，此时赵构已经是太上皇帝。

赵构崇道，在位期间就积极修建道教宫观，经常召见和封赠道士，并倡导祠祀，多次制定祀典等。乾道二年（1166），赵构亲临余杭洞霄宫"累日"。陆游在此事件过后不久写就的碑文中称："至我宋，遂与嵩山崇福宫，独为天下宫观之首……它莫敢望。"

从杭州到余杭洞霄宫势必经过留下，或许是赵构又留下了什么感叹，在西溪法华坞中，一座东岳祠开始兴建。这就是后来俗称的老东岳庙，是杭州最早建立的东岳庙之一。

宋真宗大中祥符元年（1008），宋真宗封禅泰山，加封泰山神为"仁圣天齐王"，视东岳神为上天与人间沟通的神圣使者，是帝王受命于天，治理天下的保护神，东岳神遂有帝号，东岳庙也开始大量出现。

《梦粱录》这样描写当时的东岳庙和神诞盛况："三月二十八日乃东岳天齐仁圣帝圣诞之日。其神掌天下人民之生死，诸郡邑皆有行宫奉香火。杭州有行宫者五，如吴山、临平、汤镇、西溪、昙山，奉其香火。"

《西湖老人繁胜录》也记载云："东岳生辰，都城社陌甚多，一庙难着诸社酌献，或在城吴山行宫烧香，或在城南昙山烧香，或在城北临平行宫烧香，或在城东汤镇行宫烧香，或就城西法华山行宫烧香，诣庙皆如此。"

南宋嘉定十七年到宝庆三年（1224—1227），老东岳庙经历了一次重大的修缮和扩建，南宋权臣史弥远施钱和具疏倡率，士绅民众合力，使法华山东岳行宫得以修缮和拓建。

东岳庙依山层建，规模之大为诸庙之冠。头山门祀四天王，二山门祀二十四天君。入正门，左列诸福神，右为海上仙山。两庑为七十二司，司各有神主之。

清《钱塘县志》曰，西溪法华山下东岳庙"至今为杭郡（东）岳庙之冠，庙制甚肃。每年三月二十八日相传神诞……远近城卿士女麇集"。

晚清民国时，老东岳庙秋季朝审的解饷规模和影响很大，《杭俗遗风》记述如下：

法华山者，供奉东岳大帝，地在沿山十八里之中，每逢三元朝审，人家多有解饷，冥镪一项，汇缴甚多，皆男妇舍身者所施也。舍身者，各有字号，每号千数人不等，大约通计人数，不下数十万人。

隐逸之乡

明崇祯七年（1634）。

海宁人吴本泰三甲三十五名登上进士榜，这一年他年过花甲，已是两鬓苍苍。吴本泰深于经术，崇祯帝召对后，认为他有大用，除行人（掌管朝觐聘问的官）。

按惯例，他有一个月的假期回乡探亲，祭祀祖先，以示荣耀。

这年秋天，吴本泰回家办完一切应酬杂事后，便在回京（今北京）前夕到西溪看望他的老友智一禅师。

智一也是在这年的春天应西溪乡绅沈应潮、沈应科之请，驻锡在西溪的宋代资寿院故址。

资寿院始建于南宋淳熙元年（1174），初名"大圣庵"。淳熙七年（1180），宋潼军节度使为资寿岩禅师改建为"资寿院"。由于寺院身处孤岛，香火稀少，逐渐没落荒废四百余年。

寺基土地属沈氏，智一在沈氏兄弟和乡绅洪吉臣等人的资助下，初建茅庵三间，吴中名士陈继儒来游，见庵在水中央，四面皆芦洲，便以唐诗"秋雪蒙钓船"之意境题写了"秋雪庵"三个字。

秋雪庵

　　对于这个，吴本泰有着清楚的描绘："秋水一泓，荻花四壁。水周四隅，蒹葭弥望，花时如雪。"此处美景给他留下了深刻的印象，临走时题的"圆修堂"三字，被智一制成匾额，郑重挂上。

　　明亡后，七十多岁的吴本泰选择了归隐西溪不仕，结庐其中，因住的地方幽篁茂密而少梅，智一移赠古梅数本种之，他便自号"西溪种梅道人"，做个风流药师，整日与洪吉臣、严敏、陆之越、沈自成、张懋谦、周星等名流买舟唱和，流连忘返。

　　已届晚年的他度过了一生中最美好的时光，西溪成了他最好的归宿，这个在他的《西溪梵隐志》中有明确记载："余避兵犇窜，遡洄深入，宛然桃源也，遂卜筑焉。而同难诸君子亦麇至。暇则支短筇，或棹小舸，问某山某水、某泉某石；某所饶梅、竹、皂、栎；某幢刹、某团厩某荵蒡、开士可参叩。仿佛其大都，谓游自此始也。"

《周易·系辞》："君子之道，或出或处，或默或语。"出，就是出仕做官；处，就是归处隐退，隐逸是君子的一种"道"。

明末清初，战火席卷中原，西溪之地仿佛一桃源，吸引了大量躲避乱世的文人在此隐居，西溪之名得以传播。

留下的隐逸之风并非始于此时，宋时便有隐士居此地的记载，言其地"水竹田桑，夫耕妇织"，明中叶洪镒有"归隐西溪。以图史消岁月，或栽花莳竹，借以自娱。暇时与农夫野老课晴问雨，究桑麻之事"。

七十年多后，清康熙五十九年（1720），另一位知名词人厉鹗来到了留下。

厉鹗，字太鸿，世居浙江慈溪。祖上都是普通人，他排行第二，兄士泰，弟子山。他还在少年时，父亲就已去世，家境贫寒，全家人靠士泰卖烟叶为生。

所以厉鹗的身体不好，长得非常清瘦，做不了太多的力气活，性子也比较孤峭，有阵子要被他哥哥送进庙宇，后自己坚持不出家才作罢。为了不让家里看不起，厉鹗"读书数年，即学为诗，有佳句"。后来他又广泛涉猎，"于书无所不窥，所得皆用之于诗"。

这一年，厉鹗在杭州参加浙江乡试，此次乡试由内阁学士李绂主持，看到厉鹗的试卷，大为欣赏。也是在这一年，厉鹗考中举人。进京以后，以诗为吏部侍郎汤右曾所赏识，但未能考中进士。

在清朝，进士才是真正踏入官场的敲门砖，厉鹗没有考上，还是有点失望，回杭州后就来留下观景湿地。因为这一眼，厉鹗爱上了这里，并写下了"芦锥几顷界为田，一曲溪流一曲烟。记取飞尘难到处，矮梅下系庳篷船"的绝句，为我们描绘了一幅活的西溪风景画。

隐逸在留下的厉鹗热衷于出游吟诗，他与更多的文人结成了朋友，常常在一起作文字之会，赋诗为乐，其中反映西溪的诗词多达百余首。

他终身不仕，潜心从事学术研究，在词学上造诣颇深，著有《樊榭山房集》《辽史拾遗》《宋诗纪事》《南宋杂事诗》《东城杂记》等多种。

清乾隆十七年（1752），厉鹗因病逝世，初葬留下法华山之王家坞，不久化为榛莽，遂移其栗主于武林门外牙湾黄山谷祠。清道光八年（1828），又移奉至西溪交芦庵。

至今西溪湿地里尚留有厉杭二公祠，该祠建于清代，祠内碑文是1932年重建时由马叙伦撰，余绍宋书的。现在的祠堂为2007年重新恢复。

此祠构筑颇有考究：前面是一台门，门内有天井，正屋都是落地雕花门扇；后面有一楹小阁楼，面对荷塘，是夏日赏景的好去处。它主要供人们祭拜先贤和聚会雅集所用，内设书案与文房四宝，可方便文人的交流和题作。

耶稣教士

明崇祯十六年（1643）。

农历八月二十六日（公历 10 月 8 日），爱新觉罗·福临继位，时年六岁，其叔父睿亲王多尔衮及郑亲王济尔哈朗辅政，年号为顺治，庙号为清世祖。

福临的继位代表着大明朝覆灭已经进入倒计时，其实在之前已经有所征兆：李自成攻陷承天（今湖北钟祥），建立大顺，正式从农民起义升格为抢夺中原帝权；张献忠攻陷武昌及旁近属邑后，乃于武昌立国，设五府六部，铸西王之宝，改武昌曰天授府……凡此种种，都彰显着大明王朝的末路。

而此时，意大利人马尔蒂尼（Martino Martini）（1614—1661）从万里之遥赶到了杭州，他是一名个子很高、很健壮的传教士，浓密的胡须一看就令人肃然起敬。

马尔蒂尼性格开朗，常常面带笑容，为了便于传教，同时也为了证明自己的决心，年轻的马尔蒂尼给自己起了一个中文名字——姓"卫"，名"匡国"，为"匡救国家"之意，"国"指的就是中国，号"济泰"，取"帮助、协助、救助"之意，以此袒露自己匡扶、保卫大明国的心意。

到达中国后，卫匡国主要在浙江杭州、兰溪、分水、绍兴、金华、宁波一带活动，又在南京、北京、山西、福建、江西、广东等地留下了足迹，至少游历了中国内地十五省（两京、十三布政司）中的六七个省，所以对中国山川地理、人物掌故详熟于胸。

与此同时，中国的文化深深地吸引了卫匡国，他在撰写的《中国上古史》中明确地表达出对于老子、孔子由衷的敬慕情感。

他认为老子是"真实的伊壁鸠鲁"（伊壁鸠鲁是古希腊哲学家、无神论者），同时认为老子的哲学体系建立在一个最好的价值上，即"理智"。

而对于孔子的儒学，卫匡国更是认为："人的基本学问在于求得最高幸福，人的完美在于发挥本性的理智……借助这门学问（儒学），我们可以促进理智，坚强我们的意志，在理智教导下，力求把我们的行为达到完善的境界。"表达了孔子的道德修养和基督教义的一致性与互补性，突出儒学遵循自然法则的哲学性质。

南明永历四年（1650），中国天主教内部发生了礼仪之争，卫匡国被委任为中国耶稣会传教团代理人，由他赴罗马教廷为中国礼仪辩护。

当时来中国的传教士所确立的适应中国传统文化的"共同认识的原则和思想方式"，是意大利传教士利玛窦继承了前辈关于学习汉语和适应风俗的设想，并把它推进到"在与教会的教导相符合的范围内也接受了儒家的教义"。

然而，自利玛窦临终之日起，这条新的传教路线和策略，即遭到了教会人士日益激烈的诘难和批评。最初提出责难的理由之一，便是利玛窦对中国儒家的积极评价，这批评者认为有损于基督教义的纯洁性。

卫匡国在罗马教廷进一步确定和发展利玛窦的文化接近策略，申述了推崇孔子道德和古代儒家学说的理由，并表达了由衷的敬慕情感。

那一天，卫匡国在罗马教廷慷慨致辞。

他说："孔子是最受中国人民称赞的思想家，他所创立的由文人学士组成的儒家学派，乃是中国三大宗派中最著名的。"并指出儒家哲学的基础在于"至善"，"这包含自我完美和使他人完美"。

他称《礼记》是"关于礼仪和道德的书"，"它规定人们从事各种活动的程序，不容丝毫忽略"。

他认为《易经》中那些神秘的数字和图表，是为了达到很好地管理国家和提高道德修养的目的。《书经》《诗经》和《春秋》，或是记叙中国最早一些皇帝管理国家的方法，或是通过记录帝王的善恶行迹，以惩恶扬善，劝诫君主治理好国家。

教皇亚历山大七世在听取卫匡国的意见后，于 1656 年颁布一道法令，规定："如祀孔和祭祖的礼仪真像卫匡国所说的，属于社会礼仪，教皇准许中国教徒可以举行。"

卫匡国捍卫了中国的礼仪，使天主教中国化，他所著的《中国上古史》《中国新图志》《论鞑靼之战》使他成为欧洲早期汉学的奠基人之一，成为第一个将中国的自然面貌、经济和人文地理的现状系统地介绍给欧洲的人，为欧洲在 19 世纪对中国先后进行的文化和商业交流开辟铺平了道路。

1661 年夏，卫匡国不幸染上霍乱，医治无效，于 6 月 6 日与世长辞，卒于杭州，享年 48 岁，安葬在留下镇老东岳大方井司铎公墓。

现墓是 1985 年在原墓址上重建的，在留下桃源岭麓，坐东朝西，墓室呈长方形，条石垒砌，拱券形墓顶上竖

卫匡国墓

十字架。墓前有轻巧朴实的照壁和高耸华丽的石碑坊，
体现中西合璧风格。

丁氏兄弟

清咸丰十年（1860）。

这一年，大清国摇摇欲坠，举世瞩目的圆明园被毁，
清政府先后签订了丧权辱国的《天津条约》和《北京
条约》。

而同时，太平天国天京（今南京）被清军江南大营
包围。忠王李秀成与干王洪仁玕打算用围魏救赵之计来
摆脱这生死危机，而他们的目标就是杭州。

二月十九日，太平军悄悄地抵达了杭州北城门武林

门外，二十七日，太平军利用他们一直使用的战术，在城墙下掘地道，用炸药炸开城墙，攻入了杭州城，一时间兵荒马乱。

家住杭州的丁申、丁丙兄弟一合计，不能再在城里待了，就举家搬迁到了自家的祖祠，位于石人坞（今留下街道杨家牌楼）的风木庵。

此处三面环山，坞深处有小路通石人岭，从岭东可到龙门山、北高峰、灵隐天竺。这是条上香古道，从前留下人都是走石人岭去天竺烧香的。坞中开阔向阳，窝风藏气，是杭州周边一块不可多得的风水宝地，也是难得的可以躲避兵灾的地方。

庵有三进院落，第一进门上镌刻有"竹苞""松花"四个篆体大字，两旁有联曰"家藏八千卷；门临七二峰"，门前伏卧石虎一对，故丁氏家墓又称石老虎坟；第二进是一排三开间平房，房前有池塘天井；第三进是

风木庵

一幢五开间的二层楼房，二进与三进之间，左右以厢房连接。

留下这一带风光幽丽，景色雅致，丁氏家族祖上看好这里的风水。所谓"门临七二峰"指的是从风木庵望出去，可看到七十二贤人峰，而"家藏八千卷"指的是丁家的著名藏书楼"八千卷楼"。此联与唐宋之问的"楼观沧海日，门对浙江潮"有异曲同工之妙。

丁氏家族为杭州世家，历来有收书、抄书、藏书传统，丁氏兄弟祖父丁国典有"八千卷楼"藏书馆。延至丁氏兄弟，先后建有"后八千卷楼""善本书室""小八千卷楼"，总藏书楼名为"嘉惠堂"，是晚清四大藏书楼之一。

丁申、丁丙兄弟俩在留下风木庵一躲就是一年多，由于此处相对偏僻，四周多是芦苇荡，本来就是士人隐逸的地方，乱军也不会把精力放到此处。

到了清咸丰十一年（1861）冬，战事稍减，这才敢出来。

一日，丁申在留下镇上买东西，无意中发现店家用来包书的纸很特别，仔细一看，竟然是《四库全书》散页！他大惊失色，立即在店中寻找，发现店中存有成堆的包装用纸，全是《四库全书》散页！

打听之下，这才知道文澜阁在战乱时沦为兵营，阁虽存而栋宇半圮，阁中之书也散佚满地。嗣后阁中之书或归私家，或归书贾，甚或有流落坊巷间作废纸拆散裹物者。

见此情形，丁氏兄弟悲喜交加：悲的是如此珍贵的文化典籍，竟然沦为废纸；喜的是文澜阁版《四库全书》并没有全部消失！

丁氏兄弟立刻决议抢救《四库全书》，二人花重金找了人，偷偷潜入杭州文澜阁将残书抢运出城；又散尽家赀，出资购买散佚之书，半年之后，共得到残集8689册，占全部文澜阁版《四库全书》的近四分之一。

清光绪六年（1880），浙江巡抚谭钟麟重建文澜阁，次年落成，后提出补抄文澜阁书。

丁氏兄弟"两丈弃车服之荣，乐琅嬛之业，恶衣恶食"，奔复于书肆及断垣残砾之中，从宁波天一阁、卢氏抱经楼、汪氏振绮堂、孙氏寿松堂等江南十数藏书名家处借书，历时七年之久，得书籍每捆高二尺一束，共得800束，3396种，抄补残缺者891种，使"文澜阁"之《四库全书》恢复十之七八。

由此获光绪帝颁旨表彰，褒奖其"购求藏弃，渐复旧观，洵足嘉惠艺林"。

至清光绪十四年（1888），文澜阁《四库全书》基本恢复原貌。

光绪年间，丁氏兄弟还编刊《武林往哲遗著》前编50种，后编10种，共96册。光绪九年（1883）起，编刊的《武林掌故丛编》26集、208册，将存世的杭州掌故典籍多数包罗列入。

丁丙著有《庚辛泣杭录》《武林坊巷志》《于公祠墓录》《北郭诗帐》《北隅缀录》等。在杭州地方史资料收集、整理、出版方面做出过巨大贡献。

与历史上那些声名赫赫的伟大人物相比，丁氏兄弟并不那么出名，但是他们在浩劫之际挺身而出，将一部巨著从毁灭边缘抢救出来。对中华文化而言，丁氏兄弟的精神意义特别巨大。

诚如杭州市社科院原副院长周膺所说："西溪丁丙对《四库全书》的保护、收集、整理、补抄功不可没！"

参考文献

1.〔明〕聂心汤：《钱塘县志》，清光绪十九年（1893）刻本。

2.〔清〕魏崿修、裘琏等纂：《钱塘县志》，清康熙五十七年（1718）刻本。

3.马雍：《近代欧洲汉学家的先驱马尔蒂尼》，《历史研究》1980 年第 6 期。

4.罗光：《教廷与中国使节史》，传记文学出版社，1983 年。

5.方豪：《中国天主教史人物传（中）》，中华书局，1988 年。

6.毛剑杰：《寻找丁氏兄弟的杭州地理印记》，《青年时报》2013 年 4 月 16 日。

龙井：杭州西湖的御茶之村

龙井，隶于浙江省杭州市，位于西湖风景名胜区西南面，四面群山环抱，西北面北高峰，狮子峰，天竺峰，南面为九溪，溪谷深广，直通钱塘江，呈北高南低的趋势，南宋时属于履泰乡，新中国成立初期属于龙井乡。

龙井，原名龙泓，有一个裸露型岩溶泉，古人以为此地与大海相通，有神龙潜居，故有"天下第三泉"的美誉。传说晋代葛洪曾在此炼丹。离龙井 500 米左右的落晖坞有龙井寺，俗称老龙井，创建于五代后汉乾祐二年（949），初名报国看经院，北宋时改名寿圣院，南宋时又改称广福院、延恩衍庆寺。明正统三年（1438）才迁移至井畔，现寺已废，辟为茶室。

南宋中期诗人叶绍翁的《访龙井山中村叟》有云："雨打荒篱豆荚垂，柴门未启立多时。客来自掘蹲鸱煮，旋拾枯松三数枝。"明代夏锡祚《度风篁岭至龙井》有云："丛篁高百尺，深密掩村坞。……呼童汲新泉，泉自石穴吐。烹以瀹茗芽，炒焙初出釜。客言香色绝，僧意不自诩。"均描写了龙井村坞之景，尽显问茶之趣。

清乾隆年间（1736—1795），浙江秀水（今嘉兴）

人汪孟鋗曾撰写《龙井见闻录》，详核地志，旁及正史、笔记、文集二百五十二种，纂为是编。清乾隆十六年（1751），乾隆皇帝到龙井看乡民采茶制焙之法，写了一首《观采茶作歌》，其中有云："村男接踵下层椒，倾筐雀舌还鹰爪。"相传当时乾隆皇帝还封胡公庙前十八棵茶树为御茶树。

现在的龙井村经整治后重塑了山涧溪流景观，再现了茶乡农居溯溪而上、择水而居的山地景观风貌，恢复了富有西湖龙井茶乡特色的自然村落风貌。

龙井三贤

北宋元祐四年（1089）。

一名五十余岁的士人缓缓走在山路上，这士人蓄着长须，鬓发皆白，看上去比寻常还老上几分，而头上戴的帽子更是奇特，是由乌纱做成，帽身较长而帽檐极短，极像一个高高筒子倒扣在头上。

这名士人正是新任杭州知州，苏轼苏子瞻，嘉祐六年（1061）应中制科考试，入第三等，授大理评事、签书凤翔府判官，为"百年第一"。这是他第二次到杭州。这次上山，是为了看一个友人，天台宗高僧辩才。

辩才，俗姓徐，名无象，法名元净，於潜县（今临安於潜镇）人，因其德行超众，文采四溢，名声遍及杭城，在25岁时便得到皇上御赐紫锦袈裟一件，并赐号辩才。

苏轼与辩才还有一段逸事。熙宁年间，苏轼第一次到杭州任通判，到上天竺谒见辩才。当时辩才正好云游讲学，苏轼在白云堂前空等一场。临走时，苏轼在堂壁上写下七绝一首："不辞清晓叩松扉，却值支公久不归。山鸟不鸣天欲雪，卷帘惟见白云飞。"

后人为了纪念，在此处建造了一座"雪坡亭"。

不过两人的深交还是来自另外一件事情。辩才不但佛法精深，还是杏林高手，而苏轼次子苏迨体弱多病（一说脑积水），四岁尚不能行走，之前一直求医不得所治。后来，苏轼带着苏迨见辩才，相传辩才亲为苏迨摩顶治病，结果苏迨行走如飞，一时传为美谈。苏轼作诗称谢，中有"我有长头儿，角颊峙犀玉。四岁不知行，抱负烦背腹。师来为摩顶，起走趁奔鹿"之句。

因为这个交情，二人交往甚密，成为至交，而狮子峰与上天竺之间有一条"苏子岭"，原名梯子岭，因苏东坡与辩才交游"尝夷犹于此"而改名。

不过此时的辩才已经不在上天竺，而是在狮子峰下落晖坞（今杭州龙井），他将原来寿圣院的数间敝屋修缮一下，就当他终老之地。此处"天竺之南山，山深而木茂，泉甘而石峻"，云雾缭绕，土地肥沃，气候温润，是种植茶叶的好地方。于是他组织僧徒们在龙井寿圣院后面的狮峰山上广垦荒地，开辟茶园。

还在风篁岭上辟路植竹，修龙井泉，建龙井亭。所以苏轼一路行来，就看见满山茶叶、处处风景。

这个在秦观的游记中可见一隅："元丰二年，中秋后一日，余自吴兴来杭，东还会稽。龙井有辨（辩）才大师，以书邀余入山……是夕，天宇开霁，林间月明，可数毫发。遂弃舟，从参寥策杖并湖而行。出雷峰，度南屏，濯足于惠因涧，入灵石坞，得支径上风篁岭，憩于龙井亭，酌泉据石而饮之。自普宁凡经佛寺十五，皆寂不闻人声。道旁庐舍，灯火隐显，草木深郁，流水激激悲鸣，殆非人间之境。行二鼓矣，始至寿圣院，谒辨（辩）才于潮音堂，明日乃还。"

辩才是在寂室中招待苏轼的，用的是自制茶叶，苏轼品饮之下，顿时有了别样滋味。

在宋时，灵隐、天竺附近的"香林茶""白云茶"已经是贡茶。南宋《咸淳临安志》记载："岁贡，见旧志……下天竺香林洞产者名'香林茶'，上天竺白云峰产者名'白云茶'。"

灵隐、天竺二寺茶树的来历，有传说是大诗人谢灵运从浙江天台引种过来的。苏轼对这些茶叶的研究还是很深，他在西湖茶诗名篇《送南屏谦师》中说道："天台乳花世不见，玉川风腋今安有？"

"天台乳花"，借煮茶之沫指谢灵运当年在灵隐时曾常常饮用的"天台白乳茶"。

而辩才的茶与之前的有所不同，细品后会觉得后味醇香隽永。好奇之下，苏轼就问这茶的来历，辩才只说自家所制，硬要有个名字也只能用"龙井"名之。

北宋元丰七年（1084），杭州知州赵抃拜访辩才，辩才陪他到龙井亭品茗，赵抃作诗："湖山深处梵王家，半纪重来两鬓华。珍重老师迎意厚，龙泓亭上点龙茶。"辩才和诗云："南极星临释子家，杳然十里祝青华。公年自尔增仙籍，几度龙泓瀹贡茶。"

苏轼觉得名字甚好，比之"香林""白云"更有韵味，就题写了"老龙井"三字。

后来还有一个典故,辩才相送,出得院门继续谈古论今,竟忘记立下送客不过山门的规定,越界过了归隐桥。

苏轼即诗云:"我比陶令愧,师为远公优。送我还过溪,溪水当逆流。"辩才随口呼和:"过溪虽犯戒,兹意亦风流。……愿公归廊庙,用慰天下忧。"之后,辩才就在归隐桥边兴建了一座"过溪亭"以资纪念。

龙井人为了纪念赵抃、辩才、苏轼三位,专门建了

龙井过溪亭

一个"三贤祠"，正是这三位，让龙井茶得名，"凡东西游者，不品龙井茶，不至龙井地，必以为恨之"。

龙井茶名

元至治二年（1322）。

祖籍成都仁寿（今四川省眉山市仁寿县）的虞集结束了长达三年的丁忧，出游吴中，来到了杭州，他的到来引起了杭州文坛的震动。

虞集，字伯生，号道园，世称邵庵先生，为南宋丞相虞允文的五世孙，诗与揭傒斯、范梈、杨载齐名，并称"元诗四大家"。

杭州文坛的代表，集贤直学士邓文原做了接待。

邓文原，字善之，一字匪石，人称素履先生，绵州（今四川绵阳）人，又因绵州古属巴西郡，人称"邓巴西"。其父早年避兵入杭，自认杭州人。

邓文原擅行、草书，与赵孟頫、鲜于枢齐名，号称"元初三大书法家"，尤以擅章草而闻名。在诗歌上也颇有造诣，因为跟虞集是四川老乡的缘故，两人交情非同一般。

考虑到虞集到杭州的时候已经是夏日，杭州三面环山，夏天闷热酷暑，并不适合在西湖泛舟。加之邓文原已届六十四岁，年事已高，接待的地方就安排在西湖附近的龙井。

选择此处，邓文原也是花了一些心思，以往杭州士人多在西湖画舫中诗酒风流，如今达官贵人则一早带着美人到龙井斗茶行乐，蔚然成风。

邓文原与赵孟頫交好，赵孟頫有一幅名画《斗茶图》，描绘的就是元代斗茶的情形。

斗茶除了有高超的点茶技艺外，茶、水、器都十分考究，四者缺一不可。斗茶最后决定胜负的是茶汤颜色与汤花。汤色主要由茶质决定，也与水质有关。

茶汤以纯白为上，青白、灰白次之，黄白乃至泛红为下。汤花主要由点茶的技艺决定，以白者为上，其次看"水痕"（茶沫与水离散的痕迹）出现的早晚，以水痕先退者为负，持久者为胜。

龙井一带风光幽静，又有好泉好茶，自然是斗茶之地的上上之选。而虞集好茶那是出名的，在他传世的诗文中，茶诗、茶句比比皆是。

果然，虞集欣然接受了邀请，并在邓文原的陪同下来到了龙井，受到一位名叫澄公的友人的接待，喝到了以龙井泉水所烹的龙井新茶。虞集大为赞叹，惊叹不已，于是写下这首《次韵邓善之游山中》：

> 徘徊龙井上，云气起晴昼。
> 入门避沾洒，脱屦乱苔甃。
> 阳岗扣云石，阴房绝遗构。
> 澄公爱客至，取水极幽窦。
> 坐我檐卜中，余香不闻嗅。
> 但见瓢中清，翠影落群岫。
> 烹煎黄金芽，不取谷雨后。
> 同来二三子，三咽不忍漱。

在虞集眼中和口中，西湖边的茶以龙井为最，色翠、香郁、味醇、形美，他称这是"四绝"，"淡而远""香而清"，别具风格，独树一帜。

诗中写到倒映在瓢中清纯茶汤中的"群岫"，指的就是龙井茶山。"翠影""黄金芽"则写出了龙井茶翠而略黄的色泽，以及龙井茶芽的特点。

从"烹煎黄金芽"句看，当时的龙井茶冲泡时嫩芽完整，呈嫩黄之色，属于不经碾压的散茶。"不取谷雨后"则是点明了龙井一带所产茶的采摘时间在谷雨之前，以保证茶芽的品质。

元代之时，以蒸汽杀青，压成团饼的制茶法已逐渐被淘汰，而蒸青、炒青、烘青的散茶制法大为发展。这时已经有了揉捻的工艺，干茶经过揉捻成为条索之状。蒸青叶芽，以鲜叶老嫩不同分为芽茶和叶茶两类，虞集诗中所述属于芽茶类。

由于工艺的革新，龙井茶因不同于传统团饼茶清新淡爽的口感和茶芽自然挺秀的姿态得到了越来越多的人的肯定。

全诗的点睛之笔，应属"同来二三子，三咽不忍漱"这一句。此句用笔非常生动传神，把饮茶人对茶的喜爱之情和茶过三巡，齿颊留香，不忍漱弃的情态细致入微地表现了出来，龙井茶的珍贵稀罕由此跃然纸上。

在龙井茶的历史上，虞集是最早用诗歌来吟诵龙井茶的人。在他之前，杭州产茶，唐代陆羽《茶经》只记钱塘生天竺、灵隐二寺；宋代吴自牧《梦粱录》也只记"宝云茶""香林茶"和"白云茶"。

而虞集在《次韵邓善之游山中》中对"龙井茶"及其环境作了详细的描述，并第一次对龙井茶的采摘时间、品质特点和文人品饮情态都作了生动描绘，到现在为止，龙井茶也都以谷雨前为贵。

龙井扬名

明洪武二十四年（1391）。

明太祖朱元璋为减轻茶户劳役，下诏令曰："岁贡上供茶，罢造龙团，听茶户惟采茶芽以进。"

唐宋贵龙团茶，唐人首赞浙江长兴的阳羡茶（即紫笋茶），宋人最重视福建建州的北苑茶。

陆羽的《茶经》中就记载了龙团茶的制作工艺，极其烦琐精致，从直接压制成饼变成了将茶叶研磨成粉以后再压制成团茶，这种茶又被称为研膏茶。

宋代苏轼有写："空花落尽酒倾缸，日出山融雪涨江。红焙浅瓯新活火，龙团小碾斗晴窗。"这首诗是写雪后初晴、大梦初醒之时，梦到以雪水烹煮龙团茶，这里的龙团，指的就是宋代特有的小龙团贡茶。

小龙团二十饼才重一斤（宋时一斤为十六两），一饼价值金二两，然而黄金易得，一饼难求，建安北苑每年所产贡茶不到百饼，深藏于大内之中，皇帝也甚少赏赐。

明太祖朱元璋所说的"茶芽"，实际是宋元时期已经出现的"草茶"或"散茶"。毫无疑义，这种制作简易的草茶或散茶，就是当时平民百姓的日常饮用茶。

朱元璋少年时曾出家为僧，在寺庙饮用的就是这种草茶或散茶，他也习惯于这类清淡的茶，对于贵比黄金的小龙团也确实没有太多的喜好。

皇帝陛下有所偏好，下面自然风从，世人最喜爱的就是江、浙、皖的叶茶了。屠隆《茶说》在"茶品"一节中列举了明代六品名茶，这就是江苏的虎丘、天池，安徽的六安，浙江的阳羡、龙井、天目。

明钱塘（今杭州）人许次纾在《茶疏》中也评述了当时的名茶："近日所尚者，为长兴之罗岕，疑即古人顾渚紫笋也。介于山中谓之岕，罗氏隐焉故名罗。然岕故有数处，今惟洞山最佳……此自一种也。若在顾渚，亦有佳者。人但以水口茶名之，全与岕别矣。若歙之松萝、吴之虎丘、钱塘之龙井，香气浓郁，并可雁行，与岕颉颃。"

曾在唐代采制过贡茶的长兴顾渚，明时采制的叶茶称岕茶，为时人所尚。能与岕茶并称佳茗的有歙县的松萝茶、苏州的虎丘茶和杭州的龙井茶，龙井茶就此登堂入室。

明嘉靖年间的《浙江通志》记载："杭郡诸茶，总不及龙井之产，而雨前细芽，取其一旗一枪，尤为珍品第，所产不多，宜其矜贵也。"万历年《钱塘县志》有记载："茶出老龙井者，作豆花香，色青味甘，与他山异。"

龙井茶的制作加工，自古颇为讲究。采鲜叶，以谷雨前一芽一叶为上；炒制中，需控制火候和手法；成干茶，要求形如"雀舌"，色泽黄绿；论茶汤，则碧绿，香高浓郁；品滋味，还要醇厚回甘，能给人以齿颊留香之妙。

龙井茶

　　这些独特的特性，让原本不被文人所热衷的西湖龙井，渐渐成为茶界的新宠。

　　明代记述咏赞龙井茶的名篇佳作迭出，徐渭的《谢钟君惠石埭茶》、陈继儒的《试茶》、屠隆的《龙井茶歌》、袁宏道的《龙井》、童汉臣的《龙井试茶》、于若瀛的《龙井茶》等等，不胜枚举。

　　这也让龙井茶名声大噪！

　　因为明时龙井茶的产地仅局限龙井一地，茶园不过十数亩，而最好的龙井茶生长周期只有短短十天，产量稀少。

　　而求索者众，供不应求，这使得西湖龙井茶在明时迅速崛起。龙井四周山民与寺僧都种起了茶树，香林茶、宝云茶也便销声匿迹了。

　　龙井茶的崛起也带来了诸多问题，明代著名戏曲作家、养生学家高濂特别喜欢龙井茶，经常采买，也曾遇到假货。

高濂在《遵生八笺·茶泉类》说道："杭之龙泓（即龙井也），茶真者，天池不能及也。山中仅有一二家，炒法甚精。近有山僧焙者亦妙，但出龙井者方妙。而龙井之山，不过十数亩，外此有茶，似皆不及。附近假充，犹之可也。至于北山西溪，俱充龙井，即杭人识龙井茶味者亦少，以乱真多耳。"

明学者、藏书家冯梦祯更是在《快雪堂漫录》里公开抱怨，说正宗龙井茶难以买到："昨同徐茂吴至老龙井买茶，山民十数家各出茶。茂吴以次点试，皆以为赝，曰：'真者甘香而不洌，稍洌便为诸山赝品。'得一二两以为真物，试之，果甘香若兰。而山民及寺僧，反以茂吴为非，吾亦不能置辨。伪物乱真如此！"

龙井的出名，首先得益于明代"罢造龙团""叶茶上供"这个大背景，但也离不开这些文人雅客对龙井茶的推崇，通过他们的诗歌、典故，龙井才崭露头角，渐渐扬名。

乾隆御茶

清乾隆十六年（1751）。

这一年是中国农历辛未年，生肖羊年，正月，以省方问俗，考察官方戎政，阅视河工海防，了解民间疾苦，奉母游览为由，乾隆帝首次南巡江浙。

此次南巡，从京师至杭州，往返行程水陆共计约五千八百里，历时五月余。到了杭州，当地官员安排乾隆到天竺观看了茶叶的采制。

乾隆好茶，在北海镜清斋内专设"焙茶坞"，用以品鉴茶水。他于85岁让位嘉庆，当有位老臣向他谏言"国不可一日无君"时，乾隆哈哈大笑，意味深长地答说："君不可一日无茶！"由此可见，乾隆是位知茶用茶且嗜茶如命的品茗行家。

这次安排果然让乾隆大为高兴，他亲自作了《观采茶作歌》诗，其歌词唱道："火前嫩，火后老，惟有骑火品最好。西湖龙井旧擅名，适来试一观其道。村男接踵下层椒，倾筐雀舌还鹰爪。地炉文火续续添，乾釜柔风旋旋炒。慢炒细焙有次第，辛苦工夫殊不少。王肃酪奴惜不知，陆羽《茶经》太精讨。我虽贡茗未求佳，防微犹恐开奇巧。防微犹恐开奇巧，采茶揭览民艰晓。"

乾隆爱作诗，一生写了4.363万首诗，差不多接近《全唐诗》的总和。据说，第二名是陆游，写过9000多首诗。但很遗憾的是，乾隆诗歌没有一句流传开来，几乎不被文学史提及，没人在意他还曾是一名高产的"诗皇帝"。

其中从这首《观采茶作歌》就能一窥究竟，乾隆所作诗歌几近平实，不过对炒茶的"火功"作了很详细的描述，其中"火前嫩，火后老，惟有骑火品最好""地炉文火续续添，乾釜柔风旋旋炒。慢炒细焙有次第，辛苦工夫殊不少"几句，十分贴切准确。

这里还有个故事，传说乾隆于龙井胡公庙观看制茶时，见庙前的十多棵茶树芽梢齐发，雀舌初展，竟情不自禁地挽起袖子采起茶来。

忽然太监来报说太后有病，请速回京。乾隆一惊，顺手将茶叶放入口袋赶回京城。

原来太后并无大病，只是惦记皇帝久出未归，上火所致。太后见皇儿归来，病已好了大半。忽然闻到乾隆身上的阵阵香气，问是何物。乾隆这才发现是自己随手采摘的茶芽发出来的清香，经过几天的奔波，这些茶芽已经风干。

于是命宫女拿去泡制，供太后品尝。只见茶汤清绿，清香扑鼻。太后连喝几口，觉得肝火顿消，病也好了，连说这龙井茶胜似灵丹妙药。

乾隆见状，忙传旨下去，封胡公庙前茶树为御茶树，派专人看管，年年岁岁采制送京，专供太后享用。

十八棵御茶

　　因此，胡公庙前的十八棵茶树，就被称为"十八棵御茶"。

　　这个故事在民间传播甚为广泛，是否真实已经不可考，但是乾隆对龙井茶的喜爱却是众所周知。

　　胡公庙，位于龙井狮峰山麓，是当地龙井茶农为了祭祀北宋兵部侍郎胡则修建的。胡则在杭州做父母官的时候为当地老百姓做了很多好事，深得百姓爱戴。时至今日，在农历八月十三胡则生日这天，龙井村的茶农都要到胡公庙赶庙会，以求免灾得福，来年茶叶丰收。

　　乾隆二十二年（1757），乾隆第二次来到杭州。在云栖，他又作《观采茶作歌》："前日采茶我不喜，率缘供览官经理。今日采茶我爱观，吴民生计勤自然。……雨前价贵雨后贱，民艰触目陈鸣镴。由来贵诚不贵伪，嗟哉老幼赴时意。敝衣粝食曾不敷，龙团凤饼真无味。"

　　乾隆二十七年（1762），乾隆第三次南巡，来到了龙井。在品尝了龙井泉水烹煎的龙井茶后，欣然成诗一首，名为《坐龙井上烹茶偶成》："龙井新茶龙井泉，一家风味称烹煎。寸芽出自烂石上，时节焙成谷雨前。何必凤团夸御茗，聊因雀舌润心莲。呼之欲出辩才在，笑我依然文字禅。"

　　时隔三年，即第四次南巡时，他又来到龙井，再次品饮香茗，并又一次留下了他的诗作《再游龙井作》："清跸重听龙井泉，明将归辔启华游。问山得路宜晴后，汲水烹茶正雨前。入目景光真迅尔，向人花木似依然。斯诚佳矣予无梦，天姥那希李谪仙。"

　　乾隆六下江南，有四次到龙井茶区，并都作下了诗

述古何須禩羅村笙卷聊示與

徘徊天圓為霞地方試問維

能出此哉

龍泓澗

乳竇深々出石鑿石攔圍雲作

天池逌來谷口一看飛瀑誰後鴦

陰脇座斯

神運石

傑立昂々此以偉人運來聞況力

由神東坡被服夫子者不語可

曾此嚴真

翠峰閣

層巒迴擁家高峰十五年重此

蹟跚依舊青山綠水裹去來今

者竟何従

庚子暮春上游湔筆

龍井八詠

過溪亭

不過原來有溪直過兩弗覺并

溪無前三、後三、老庵笑拿

朝又過吾

滌心沼

泉能為滌心為所心所泉能兩

孰真頌起蘿村作轉語滌之一

字屬何因

一片雲

雲依石則石為主石以雲斯雲

作賓誰裏由來空定法打成一

片是何人

風篁嶺

橫嶺巾分南北雲質篔夾路翠

氤氳經過不覺衣裳溫清籟猶

词。原本江南之茶还有龙井、岕片之争，由于乾隆皇帝的称赞，龙井茶身价倍增，不久便被列为贡茶。

而龙井也成了周围十里八乡唯一出产正宗"龙井茶"的地方。

新中国成立后，国家积极扶持龙井的发展，龙井茶被列为国家外交礼品茶，而龙井也因为这一小片叶子而闻名海外，成为诸多游客来杭州必然要去的地方。

参考文献

1.〔宋〕潜说友：《咸淳临安志》，浙江古籍出版社，2012 年。

2.〔元〕虞集：《道园学古录》，吉林出版社，2005 年。

3.〔明〕聂心汤：《万历钱塘县志》，浙江古籍出版社，2011 年。

丛书编辑部

艾晓静　包可汗　安蓉泉　李方存　杨海燕
肖华燕　吴云倩　何晓原　余潇艨　张美虎
陈　波　陈炯磊　尚佐文　周小忠　胡征宇
姜青青　钱登科　郭泰鸿　陶文杰　潘韶京
（按姓氏笔画排序）

特别鸣谢

曹晓波　方龙龙　陶水木（系列专家组）
魏皓奔　赵一新　孙玉卿（综合专家组）
夏　烈　郭　梅（文艺评论家审读组）

图片作者

寿昌镇政府　杭州市园文局
于广明　王春涛　邬大江　孙奕鸣　何光华
张国栋　郑从礼　唐　锋　章建文　蒋　侃
韩　盛
（按姓氏笔画排序）